第八章 "是，大臣"：英国政党制度的骂战史 075

第九章 "谁拥有了黄金，谁就可以进天堂"
　　　　——重商主义下的海外扩张 083

第十章 "日不落帝国"：大不列颠之日的再次升起 092

第十一章 英国为何在世界顶峰停留100年 100

第十二章 "没有永恒的朋友，仅有永恒的利益"：
　　　　英国抗击法国 111

第一个现代社会的形成

第十三章 进步太快导致贫富差距？英国式的社会主义 122

第十四章 现代转型的阵痛：民众运动与议会改革 130

第十五章 依法治国：现代司法体系如何在英国形成 141

第十六章 工业化的双刃剑：城市化与城市病 149

第十七章 对抗与合作：工会运动与国家发展 163

第十八章 欧洲均势：一战后的和平外交 171

回归欧洲

第十九章 看似没变的巨大变化：一路走来的英国政治 184

目录 CONTENTS

英国历史开篇

第一章　欧洲西北角岛国的奇迹　002

民族起源到中世纪

第二章　英格兰的祖先：外来民族的融合体　014

第三章　世界民主的起源：《大宪章》和议会的产生　023

第四章　中世纪的两场大战：

　　　　英法百年战争与红白玫瑰战争　031

民族国家的铸造

第五章　亨利八世与血腥玛丽：

　　　　天主教与新教的此消彼长　042

第六章　"我嫁给了英格兰"：

　　　　伊丽莎白一世与海上霸主地位的确立　055

第七章　从暴力革命到光荣革命：

　　　　废除专制王权的一波三折　064

小历史·大世界

英国小史

刘成 著

A Little
History
Of Britain

图书在版编目（CIP）数据

英国小史／刘成著 . -- 北京：北京大学出版社，2024.8

（小历史·大世界）

ISBN 978-7-301-35020-1

Ⅰ.①英… Ⅱ.①刘… Ⅲ.①英国－历史 Ⅳ.① K561.0

中国国家版本馆 CIP 数据核字（2024）第 083247 号

书　　　名	英国小史 YINGGUO XIAOSHI
著作责任者	刘　成 著
责 任 编 辑	李学宜
标 准 书 号	ISBN 978-7-301-35020-1
出 版 发 行	北京大学出版社
地　　　址	北京市海淀区成府路 205 号　100871
网　　　址	http://www.pup.cn　　新浪微博 @ 北京大学出版社
电 子 邮 箱	编辑部 wsz@pup.cn　　总编室 zpup@pup.cn
电　　　话	邮购部 010-62752015　　发行部 010-62750672 编辑部 010-62752025
印 刷 者	北京九天鸿程印刷有限责任公司
经 销 者	新华书店
	730 毫米 ×1020 毫米　32 开本　9.625 印张　194 千字 2024 年 8 月第 1 版　2024 年 8 月第 1 次印刷
定　　　价	82.00 元

未经许可，不得以任何方式复制或抄袭本书之部分或全部内容。
版权所有，侵权必究
举报电话：010-62752024　电子邮箱：fd@pup.cn
图书如有印装质量问题，请与出版部联系，电话：010-62756370

第二十章　称霸世界的软实力　193

第二十一章　从战争到战争：

　　　　　　表面光辉的帝国如何走向衰落　207

第二十二章　从绥靖到反击：二战中英国的华丽转身　215

第二十三章　什么是英国衰落的标志　227

第二十四章　国家如何承担个人无法承受之重　233

第二十五章　无可奈何花落去：帝国解体与英联邦　244

新英国的构建

第二十六章　成也"公有制"，败也"公有制"：

　　　　　　英国工党沉浮　254

第二十七章　私有化：铁娘子撒切尔的"英国病"药方　263

第二十八章　现实利益之争：苏格兰公投的历史暗线　271

第二十九章　孤立主义：英国脱欧的历史逻辑　281

第三十章　　称霸世界的独家秘密：英国的制度创新　291

后记　299

英国历史开篇

第一章
欧洲西北角岛国的奇迹

英国是保守的国度,也是自由的故乡,保守延续了传统,自由激发了创新,坚守传统又锐意创新,使英国成为第一个走向现代化的国家,并引领了整个世界。我们要了解现代世界,就应该从学习英国历史开始。

英国是欧洲西北角的岛国,它隔海与欧洲大陆相望。英国人多信奉基督教新教,人口近7000万,相当于我们中国的约1/20,以英格兰人为主体民族;国土面积不到25万平方公里,相当于我们中国的约1/40。也就是说,英国的国土和人口相当于中国湖南省的规模。

英国是由英格兰、威尔士、苏格兰和北爱尔兰以及一系列附属岛屿共同组成的西欧岛国。除本土之外,英国还拥有14个海外领地。英国是英联邦53个国家和属地的盟主,英王查尔斯三世是16个英联邦国家的元首。英国政体为君主立宪制,国王是国家元

英吉利海峡

1536 年,英格兰与威尔士合并
1707 年,英格兰与苏格兰合并
1801 年,英格兰与爱尔兰合并
1921 年,爱尔兰独立,但北部仍归英国

首,最高司法长官,武装部队总司令,英国国教圣公会的"最高领袖",有形式上的政府和教会高官的任免权,有召集、停止和解散议会,批准法律,宣战媾和的权力。但是,国家的实权在政府首相及内阁手中,政府向议会负责。

英国是现代文明的开创者,如果没有英国率先走向工业化,今天的世界就可能大不一样。英国是中国最早面对的西方国家之一,1840 年中英鸦片战争爆发,中国近现代历史也由此开端。英国的现代化是原生的,现代化过程中的社会震荡最小。其他多数国家的现代化是异质的,它们被迫走上原本不会走的路,现代社

英国地图和国旗

　　英国全称"大不列颠及北爱尔兰联合王国",本土位于欧洲大陆西北面的不列颠群岛,被北海、英吉利海峡、凯尔特海、爱尔兰海和大西洋包围。英国国旗(米字旗)正中带白边的红色正十字代表英格兰,白色交叉十字代表苏格兰,红色交叉十字代表爱尔兰。国旗上没有代表威尔士地区的形象,在设计时,威尔士与英格兰早已合并。

会转型的历史震荡就特别大。国家和人一样，被强制一定是痛苦的，这是世界上多数国家走过的路。然而，英国凭借新文明的力量脱颖而出，领先世界一个世纪，在诸多方面给现代世界打下英国的烙印。

英国是现代政治的开创者。大多数现代国家由政党组建政府，然后由政府管理国家事务。英国最早诞生现代政党，是现代政党政治的起源地。英国政党产生于英国议会的内部，在当今世界的大多数国家，也都有类似英国议会的制度设计，英国被称为"世界议会之母"。

英国是现代经济的开创者。工业革命改变了世界，整个世界在工业革命以后，从农业社会向工业社会转型。英国是工业革命的开创者，也是第一个走向现代化道路的国家，一度成为所谓的"日不落帝国"。当今世界强国受到英国的很大影响，比如美国在独立之前是英国的殖民地，法国和德国也是在英国工业化的刺激下走向现代化道路。

在文化科学领域，英国的世界级大师灿若星辰。托马斯·霍布斯是近代第一位政治思想史大师，其《论政体》《利维坦》等著作影响了一代又一代人；约翰·洛克被公认为自由主义的鼻祖，而自由主义是西方文明的核心价值和资本主义的意识形态。亚当·斯密使"自由放任"成为英国的国家学说，也为近代一切国家资本主义发展提供了经济理论和道德基础。牛顿、达尔文、莎士比亚等等更是家喻户晓、耳熟能详。

伦敦金融城

在工业革命时期,伦敦成长为世界金融中心,而伦敦城是中心的硬核,聚集了大量银行、证券交易所、黄金市场等金融机构,所以也称伦敦金融城。伦敦迄今依然是世界最重要的国际金融中心之一,根据全球金融中心指数 2013 年排名,伦敦位居世界第一。

纵观英国历史,它走出了一条倒"U"形的发展轨迹,一条先上升后下降的变化曲线。英国从最初的欧洲西北角的边陲小国,发展成世界最强国家,然后从世界最高点下降,滑落到与其国土面积和人口数量相对应的位置。回顾人类历史,世界上哪个国家的历史有英国如此"完整"的兴衰曲线?从这个意义上讲,任何一个国家,不论它处在什么发展阶段,都可以从英国历史发展中霍布斯将"国家"比作"利维坦",它的身体由所有人民组成。在自然状态中,人享有"生而平等"的自然权利,又有渴望和平生活的共同要求。人们同意订立契约,放弃自然权利,把它托付给某一个人或一个集体,大家的意志化为一种意志,大家的人格化为一个人格,大家服从他的意志和判断。《利维坦》对洛克、卢梭的社会契约论有很大影响。

《利维坦》(Leviathan)

获得启示。

在1066年以前,由于大海的阻隔,英国长期游离于欧洲主流文明之外发展,不被人们所关注,在欧洲文明边缘存在了一千多年。1066年,法国的诺曼底威廉公爵征服了英伦三岛,英国开始追随欧陆国家,进入了封建时代。封建英国的最大特点是,一个人的权力与其掌握土地的多少挂钩,有多少土地就有多少权力;土地实行分封制,国王的开支由其领地收入支撑,因而国王以及贵族的权力是有限的。这就使得在中世纪的时候,英国的商业和城市没有成为封建体制内的力量,而是主流体制外的一种异己力量。我们把中世纪的英国城市称作"特区",所谓特区就是享有相对特殊的政策,正是在英国(以及西欧)中世纪一个又一个特区中,萌发了现代文明。

同时期的很多东方城市比英国城市要发达,但东方的城市却

英伦三岛最西南角——"天涯海角"

没有成为工业化的源头。很重要的一个原因就是,东方城市在主流体制之内发展,城市越发展其传统根基越牢固。从这个角度看,中外古代大航海有不同的发展结局就容易理解。因为西欧(以及英国)封建制中的王权有限性,航海多是个人的事情,航海满足了个人对于海外原料和市场的需求,最终促使国家驶向一个新方向——现代社会。反观东方,君主权力无限,可以直接向全体居民征税,王朝没有对海外商品市场的需求,像郑和远航,比欧洲大航海时间早,规模大,行程远,但其指向不是一个现代社会。欧洲大航海的航行越远,越是靠近现代文明;郑和远洋的航行越远,传统社会就越牢固。

如果把国家现代化发展比作飞机飞行,英国现代化的"飞机"

在都铎王朝时期已经造好。飞机的起飞必须克服地心的引力,英国现代化的起飞也要克服一个巨大的障碍,这个障碍就是专制王权。17世纪的英国革命和光荣革命都是朝这个目标努力。正是在光荣革命之后,英国才有了17世纪的君主立宪制度、18世纪的工业革命、19世纪工业社会的全面改造这些英国现代化"飞机"起飞后带来的辉煌故事。而且,除了17世纪英国革命发生的内战之外,英国其他的发展过程全是和平的景象,这种渐进改革的道路也被后来很多国家所推崇。

第一次世界大战后,英国开始衰落。英国拥有世界上最庞大的殖民地,为了维护全球殖民利益,就必然承担更多责任,这就导致英国实力在一战当中被严重削弱。到了第二次世界大战之后,英国殖民地纷纷独立,英帝国最终解体,从世界顶峰上滑落。不过,英国的衰落是一种相对衰落,英国一直在向前发展,但与它处于世界顶峰的辉煌时期相比,英国确实衰落了。英国不再站在世界的最高峰,逐步降为一个二流强国,但英国本身还在前行,并开始进入后现代社会。而且,今天的英国人更愿意领略乡村的质朴静美,远离繁华喧闹的城市,如同工业化之前的英国一样。

英国在一个世纪里带动着全球运转,这在人类历史发展中是一个非常特殊的现象,也是英国的一种"超常发挥"。时至今日,英国已经慢慢褪去光芒,它的综合实力无法与美国和中国相比,即便在欧洲,经济总量也在德国之后。英国在21世纪依然面临很大挑战,近几年英国发生的两次公投就震惊了世界,一次是关于苏格兰脱英,一次是英国脱欧。苏格兰的公投没有通过,但有第一次公投,就会有第二次,苏格兰未来脱离英国的可能性极大。英国已经脱离欧盟,其国家未来的走向引起世界关注。

不过,英国在很多领域依然保持领先地位。英国的高科技领域在全世界依然保持一流。英国教育水平领先世界,中国人去海外留学,除了美国之外,去得最多的就是英国。英语已成国际语言,是除母语之外,我们使用最多的语言。英国实行全民公共保健、社会保险制度,英国人不用担心没钱治病的问题。英国是欧盟中能源资源最丰富的国家,也是七国集团中首个将国民总收入的 0.7% 用于对外援助的国家。英国还是联合国安全理事会五大

英国乡村餐馆

爱丁堡支持苏格兰独立的标语

常任理事国之一。因此,现在的英国依然是一个不能被轻视的国家。

英国从一个不起眼的岛国,变成世界最强国,然后从顶峰滑落,走出一条完整的兴衰变化曲线。在世界近现代史上,就世界性贡献而言,似乎没有国家可以望其项背,而从国土和人口上看,英国只是一个中等国家。因此,如果我们将英国历史看成一部兴衰的历史,其兴衰背后的东西就值得思考和研究,这也是本书后续29章中跟大家分享的内容。下一章我们回到英国的开端,讲述英国民族的形成,正式开启英国的历史进程。

民族起源到中世纪

第二章
英格兰的祖先：外来民族的融合体

上一章，我们对英国历史概况做了梳理，历史是人创造的，深入了解一国历史需要知道它的民族特性。英国民族是融合性的

英国王朝谱系表
韦塞克斯王朝（829—1016）
丹麦王朝（1016—1042）
威塞克斯王朝（1042—1066）
诺曼王朝（1066—1154）
金雀花王朝（1154—1399）
兰开斯特王朝（1399—1461，1470—1471）
约克王朝（1461—1485）
都铎王朝（1485—1603）
斯图亚特王朝（1603—1649，1660—1714）
汉诺威王朝（1714—1901）
萨克森-科堡-哥达王朝（1901—1917）
温莎王朝（1917年至今）

民族,英国人不排外,不同种族的人之间相互融合,这种包容性始于英国民族的起源。

英国是个岛国,但在很久以前,英国和欧洲大陆通过大陆桥连接在一起。据考古发现,在大约4万年前,这个被称为"不列颠"的岛上就有现代人类智人,这些人都是从大陆过去的。后来海平面上升,大约在公元前7000年,形成了今天的不列颠岛。在变成岛之后,大约公元前4000—前3000年,来自欧洲大陆的一支伊比利亚人进入那里,带来了牛、羊、大麦和小麦,不列颠岛进入新石器文化。考古发现,在这个时期,不列颠岛出现了一个巨石阵。巨石阵修建了约1500年的时间,究竟作何用处已经无法考证,但它的出现证明在新石器时期,不列颠岛已有群体性的人类活动,社会凝聚力达到了某种高度。巨石阵现在被联合国列入世界遗产名录,吸引了很多观光客。

约公元前2500—前2300年,宽口陶器(beaker)出现在不列颠岛,制造者是来自欧洲大陆另一支伊比利亚人,随着他们的到来,不列颠岛进入了青铜时代。之后又有克尔特人从欧洲大陆进入,带来了铁刀、铁链、铁剑,不列颠岛进入了铁器时代。于是,克尔特人与原先的伊比利亚人进行融合,形成了英国历史上首个统一的居民主体。

罗马入侵不列颠后,不列颠作为罗马帝国的一个行省,被罗马统治了近400年的时间。然而,这次入侵把罗马文明带入了不列颠,不列颠也从史前时期跨入了文明时代。在罗马帝国占领时

巨石阵

期,原有的不列颠岛上的人被迫迁移到高山、高原地带。

　　公元5世纪初,罗马人撤出不列颠后,不列颠人回到了平原和沿海地区,建立了很多小国家,不列颠进入了"战国时代",最后形成七个主要的王国:肯特王国、苏塞克斯王国、韦塞克斯王国、埃塞克斯王国、诺森布里亚王国、东盎格利亚王国和默西亚王国。在混战中,克尔特人请来援兵,即大陆的日耳曼人。这些日耳曼雇佣军主要有三支:盎格鲁人、萨克逊人和朱特人。大量的日耳曼人进入英国后,和不列颠的克尔特人以及前面提到的伊比利亚人等等,又慢慢融合成一个民族整体,历史上称为盎格鲁-撒克逊人。其中,最多的一支是盎格鲁人,"英格兰"(England)就是"盎格鲁人的土地"的意思。"英语"(English)是盎格鲁人所说的语言。此后,"英格兰"就成了英国的称谓。

829年,韦塞克斯国王爱格伯特成为英格兰君主,他在任期间结束了七国割据局面,开创了英国历史上第一个王朝——韦塞克斯王朝(同之后复辟的威塞克斯王朝,为表明两个不同时期,以"韦"和"威"区别)。不过,英国仍然动荡不安,来自今天丹麦和挪威地区的维京人不断入侵,盎格鲁-撒克逊人与维京人之间进行了长期争斗。在阿尔弗雷德大帝统治时期(871—899),他将英格兰大部分地区夺回到盎格鲁-撒克逊人手中。阿尔弗雷德是真正意义上的第一位英格兰国王,被称为"英国国父"。

维京人不只是入侵英国,他们也进入了欧洲大陆,比如法国的北部地区。法国人把北部的一部分地区让给了维京人。这些维京人经过和法兰克人的几百年融合,也变成了法国人。后来1066年来自诺曼底、征服英国的就是这批维京-法兰克人。

埃德蒙二世是韦塞克斯王朝最后一位国王。1016年,埃德蒙二世与克努特(维京人自封的英格兰国王)达成协定:双方以泰晤士河为界分治,两位君王之间先离世的那一位,要把自己的土地让给另一位活着的君主。同年11月,埃德蒙二世在战争中身负重伤去世,克努特成为英国唯一的国王,英国进入丹麦王朝时期。后来,克努特建立了包括今天丹麦、挪威、英格兰、苏格兰大部和瑞典南部的一个北海大帝国。

维京人完成了英格兰的统一,但统一时间只持续了不到30年。在维京人统治结束后,威塞克斯王朝复辟,"忏悔者"爱德华出任英国国王。爱德华从小在诺曼底长大,他的继任使英国宫廷

佩文西城堡

佩文西（Pevensey）曾是罗马帝国时期的要塞，1066年征服者威廉在此地附近登陆时，佩文西已是一个繁华的城镇。诺曼人在罗马要塞原址修建了皇家城堡，国王偶尔光顾此地，后遭毁坏。在第二次世界大战期间，该地作为英国预防外敌入侵的军事防御用地。

中充满了诺曼人，诺曼人的语言、习俗等也在英国流行开来。

爱德华去世后，哈罗德二世即位，在英国王位继承问题上发生了争执。爱德华的表弟诺曼底公爵威廉一直认为自己有正宗血统，提出要做英国的国王。于是，威廉公爵率领军队穿过英吉利海峡与英王交战。1066年10月14日，双方会战于多佛海峡附近的黑斯廷斯，英军战败，英王哈罗德二世中箭身亡，伦敦城不战

以 Battle（战场）命名的地名

而降。12月25日，威廉在伦敦威斯敏斯特加冕为英国国王，史称威廉一世，诺曼王朝开始。

在威廉征服以后，英格兰和诺曼底公爵领地整合为一体，英国国王开始跨海而治。到了亨利二世统治时期，欧洲大陆的很多领地成为英王领地。英王亨利二世是法国安茹伯爵的儿子，法国人的到来引入了法语和法式生活习惯，以至于在很长时间里，法语成为英国上层贵族所用的语言，拉丁语则是英国教会和学术界通用的语言，本地的英国人仍然使用英语。随着历史变迁，英语吸收了法语的很多词汇，渐渐地成为英国所有阶层人的通用语言，百年战争又极大地激发了英国人的民族情感，英语越来越成为英国上层阶级和下层民众通用的民族语言。比如，14世纪，英国诗人用英语进行文学创作，例如乔叟的《坎特伯雷故事集》带有明显的本土化特征，标志着英国本土文学的崛起。1362年，英国议会通过《诉讼条例》（Statute of Pleading），该条例规定今后所有法律诉讼必须用英语进行。

从诺曼王朝到都铎王朝建立前的四百年间，是英国的封建时代。诺曼征服后，英国迅速完成了欧洲大陆的封建化，为英国近代民族国家奠定了厚重的传统基础。英国王室经历了多个朝代上千年的更替，但伊丽莎白二世女王依然有着威廉一世乃至更早英国王室的血统。

圣尼古拉斯教堂外观

圣尼古拉斯教堂内部

圣尼古拉斯教堂建成于13世纪，最好地体现了英格兰古老建筑风格。教堂的部分材料取自征服者威廉一世在故乡卡昂的家庭座椅。

在诺曼王朝时期，维京人跟盎格鲁－撒克逊人又发生了融合。在这次融合之后，英国再也没有被入侵。尽管拿破仑和希特勒都曾试图入侵英国，但都没有成功。英国历史上最后一次被外部入侵是诺曼征服，这次入侵开辟了英国的新时代，给自身带来重大变化对世界产生深刻影响的英国历史就是从诺曼征服开始的。

我们总结下英国民族的形成过程。它可以追溯到史前时期的伊比利亚人，但英国土著文化从克尔特人开始，英国由此进入铁器时代。克尔特人的同质化进程被罗马帝国入侵中断，然后是盎格鲁人、撒克逊人、朱特人的进入，形成了盎格鲁－撒克逊时代。再后来是来自丹麦和挪威的维京人，最后是诺曼底的法国人，后者是维京人和法兰克人的混血。由此可见，英国一开始就是一个多民族的融合体，英国人引以为豪的盎格鲁－撒克逊文化是"文化融合"（acculturation）的结果。

再往后，即诺曼征服之后，英国文明再也不是依靠吸收外部的文明而发展，它要开始向外部世界传播英国的文明，其中两个外部传输最重要，一是《大宪章》，它是西方民主和自由的源头，二是议会，英国是议会之母。下一章我们讲这两个重要问题。

第三章
世界民主的起源:《大宪章》和议会的产生

诺曼王朝建立后,英国进入封建时代。英国封建时代包括四个朝代:诺曼王朝、金雀花王朝、兰开斯特王朝和约克王朝。之后的都铎王朝是英国近代社会的起点,亨利八世、伊丽莎白一世就是这个朝代的君主。在都铎王朝之后,英国进入斯图亚特王朝,苏格兰国王入主英格兰,英国革命和查理一世国王被杀发生在这个时代。1714年,英国进入汉诺威王朝,德国人成为英格兰的国王,当然他们身上带有英国王室的血统。第一次世界大战爆发后,英国人与德国人在战场上兵戎相见,时为萨克森-科堡-哥达王朝的英国王室不愿意王朝名称跟德国再有关联,于是改名温莎王朝。

在对中世纪至今的英国王朝有了大致了解后,我们回到诺曼王朝和金雀花王朝,主要讲发生在这两个朝代的两件大事,《大宪章》和议会。

温莎堡是英国现存最古老的王家城堡

在英国封建王朝时期，国王和贵族之间争权夺利，时有纷争。国王是国家的统合力量，他的权力大，凝聚力就大，国家就不容易分裂。贵族也要自己的权力，贵族的权力大，离心力就大，国家就容易分裂。英国历史上国王和贵族的斗争造成了两大成果：一个是《大宪章》，另一个是议会。《大宪章》也称《自由大宪章》，是西方国家自由和民主的一个源头。议会是当今世界绝大多数国家所采用的立法的最高机构。

在英国封建时代开始的时候，即诺曼征服以后，威廉一世在法国的领地成为了英国土地。也就是说，英国的国王同时享有英格兰和法兰西的土地，这造成了英国和法国之间的争斗。所以，在英国封建时期，除了国王和贵族之间的争斗，还加了一层英国人和法国人的争斗。两种争斗合在一起造就了《大宪章》。

1154年，征服者威廉的曾孙亨利二世继承了英格兰的王位，他创立的金雀花王朝是英格兰最强大的封建王朝。该王朝本名安茹王朝，亨利二世是安茹伯爵后代，因为家族纹章用金雀花做装饰，所以通常被称为金雀花王朝。亨利二世不仅享有英格兰的土地，还得到了法兰西一半的土地。亨利二世与同时期的德皇腓特烈一世和罗马教皇亚历山大三世，被认为是全欧洲最有权势的三个人。

亨利二世的权势应归功于他的母亲玛蒂尔达。玛蒂尔达是亨利一世的女儿，在她8岁的时候，父王让她嫁给神圣罗马帝国皇帝亨利五世，两人婚后一直没有子女。亨利五世死后，23岁的玛蒂尔达回到了英国。在她的哥哥威廉王子溺水身亡后，父王亨利一世宣布她为王位继承人，当时女性王储在英国还没有过先例，贵族们心里并不认同由女性出任君主。接着，父王又将她再嫁给只有15岁的安茹伯爵之子，两人生下了后来的国王亨利二世。由于亨利一世的突然去世，玛蒂尔达和表兄斯蒂芬伯爵为争夺英格兰王位，进行了近二十年的战争，最终双方达成协议，斯蒂芬担任国王，他死后由玛蒂尔达的儿子亨利继承王位。在战争期间，玛蒂尔达一度控制英格兰，但是从来没有被加冕为女王，最后却为儿子争得了英国王位。

亨利二世出生于法国，也死于法国，他其实就是个法国人，但不是法国国王。而且，亨利二世拥有法国一半土地，英国与法国的关系因土地问题一直紧张。在亨利二世死后，他的儿子狮心王理查为争夺土地与法王开战。按照王位继承顺序，狮心王的王位本应由其子亚瑟继承。然而，亨利二世还有一个最小的儿子约翰，他趁其兄狮心王理查在法国战死之际，捷足先登英国王座。约翰继位后，继续在大陆与法王作战，相继丢失诺曼底、安茹、曼恩、都兰等地，约翰国王因此被称为"失地王"。

在亨利二世继位时，英国还没有大学，英国人都是去法国和其他欧陆国家求学。1167年，亨利二世同法兰西国王菲利普二世发生争吵，在法国巴黎的英国学者回到英国牛津，从而使牛津迅速发展成为英国经院哲学教学和研究的中心。于是，继博洛尼亚和巴黎之后，牛津成为欧洲第三个学术研究中心，最后发展为牛津大学。

约翰王打仗需要钱。于是，他违反封建惯例，征取过多的继承金、协助金、盾牌钱，没收直接封臣的地产，并向城市多方勒索，引起社会广泛不满。约翰王的所作所为违背了英国中世纪的封建契约。简单地说，封建契约是国王与贵族及子民之间的一种契约关系，每一方都有权利，也都有义务。比方说，处于社会底层的农奴有一块地，这块地是庄园主根据契约给他使用的，但是庄园主不可以随便把这块地收走，农奴的家庭靠这块地吃饭，这块地就是他的权利，他死后由儿子继承。庄园主如果无故把地收走，就违背了契约，农奴就有权造反。

因此，英国贵族认为约翰王违背了封君和封臣之间的契约，贵族就有权反抗国王，这是《大宪章》产生的根本缘由。1213年，约翰再次出征法国，一些封建主因此拒绝服役。1214年，约翰在布汶之役中战败，贵族乘机反叛。1215年6月15日，封建贵族在伦敦聚集，挟持约翰王来到兰尼米德一片开阔的草地上，约翰王与贵族们在此签下了《大宪章》文件。

《大宪章》涉及两条最根本原则。第一，英国臣民的财产权和人身安全必须得到保障。第二，国家的臣民（当时主要是贵族）跟君主之间是契约关系，如果君主违背了契约，臣民就有权反抗国王，即臣民具有反抗权。这两项权力被一代代英国人不断发展和丰富。比如，17世纪英国革命时期，革命者就追溯到《大宪章》，认为《大宪章》赋予了他们权利，既然国王查理一世不遵守契约，人民就有权起来造反。再比如，在19世纪英国议会改革

《大宪章》纪念亭

  《大宪章》全文有63个条款,主要限制王权,保障贵族和教会的特权及骑士、市民的某些利益。《大宪章》后有修改,被赋予新的意义,成为英国宪法的重要组成部分。美国的联邦宪法和各州宪法也都包含有《大宪章》的思想,在大宪章签署地原址的纪念亭就是美国人修建的,离温莎城堡开车仅十多分钟的距离。

的时候,中产阶级和工人阶级要求政治选举权,他们同样追溯到《大宪章》,认为《大宪章》赋予了他们权利。

  英国人总说自己是"生来自由的英国人,英国是自由的故乡"。当然，每个国家和民族都可以认为自己是生来自由的，可在 1215 年的时候，英国人就用文字把自由记录了下来，这是《大宪章》产生非常重要的原因。《大宪章》当时规定的自由主要是指贵族的财产自由，后来其自由涵义被不断扩大。《大宪章》也一步一步变成了自由和民主的化身，不仅对英国产生持久的影响力，也成为西方自由、民主的一个最主要的源头。

议会是英国封建贵族反抗国王的另一个重大成果。在议会形成之前，国王在处理国家政务的时候，总要召开一些会议进行商量，但参加会议的人没有骑士和平民。为了提高贵族的决策权，贵族要求国王在召开会议的时候，能够选派他们的骑士代表，包括选择一部分纳税市民来参加会议，这样在涉及税收等问题时，

威斯敏斯特，议会大厦所在地

就加大了改变国王不合理主张的可能性。

1295年,即爱德华一世统治后期,英国召开了一次非常著名的会议,史称模范议会。一共有400多人参加会议,所有阶层都有代表;每个郡有两位骑士参会,每座城市有两位市民代表。到14世纪上半叶,随着更多平民的参与,议会一分为二,即分成上议院(贵族院)和下议院(平民院)。在那个时候,国王的权力最大,然后是上议院,最后才是下议院。随着后来几百年间英国政治的演变,特别是经过了19世纪英国议会改革,英国政治体制发生了很大变化,我们会在后续章节中进一步讲解。

本章主要讨论了两个问题。第一,《大宪章》确定了王在法下的原则,后来发展为依法治国。第二,议会表明国家大事不能由一人说了算,必须大家协商,人民当家作主。下一章,我们要讨论中世纪英国另外两件大事,一是英法百年战争,二是红白玫瑰战争,这两场战争对英国历史发展举足轻重,对世界历史发展也意义重大。

第四章
中世纪的两场大战：
英法百年战争与红白玫瑰战争

上一章，我们讲了英国《大宪章》和英国议会的形成，这两件中世纪大事为英国现代政治制度奠定了基础。我们在前文中指出，一个国家走向现代社会必须有民族国家做支撑，本章我们就来谈谈中世纪的两场战争——英法百年战争和红白玫瑰战争，正是这两场战争为英国现代民族国家奠定了基础。

从1337年到1453年，为了争夺王位继承权、羊毛贸易和封建领地，英国和法国打了100多年，史称百年战争。在13世纪初的时候，英国已经失去了在欧洲大陆的大部分领地，但还持有法国西南部的领地，这一部分领地正是法国盛产葡萄酒的地方。英国当时的贵族是英国人，但其实也是法国人，他们从法国来到了英国，依然保留着法国的一些习惯，比方说爱喝葡萄酒。法国西南部的领地也是英国的纺织品和谷物出口的必经之地。英、法两国对这一地区的争夺时断时续，法国人欲把英国人从法国彻底赶走，从而统一法国。英国当然不愿退出，还想夺回过去丢掉的法国土地。这是英法百年战争的背景之一。

英、法两国对佛兰德斯的争夺加剧了双方冲突。在中世纪，佛兰德斯是欧洲最富有的地区，当地人从英国进口羊毛，纺成面料卖给欧洲大陆，后来该地因为战争而分裂，领地分属现在的法国、比利时和荷兰。在当时，佛兰德斯是法王的伯爵领，名义上属于法王，但拥有独立的政治地位，西欧中世纪的大贵族领地大多如此，这就是我们前文说过的国王权力的有限性。佛兰德斯的呢绒业发达，而原料羊毛依赖从英国进口，大部分由这些羊毛制成的呢绒返销英国，佛兰德斯的市民从自身利益出发，在政治上更倾向英国。然而，佛兰德斯伯爵路易为了管控城市，需要借助法国军队镇压不满市民，更支持其名义上的宗主法王，而法王更想控制这个伯爵领地，排挤英国在该地区的影响。1336年，法王腓力六世逮捕了在佛兰德斯的所有英国商人，并禁止佛兰德斯与英国通商。出于反制，英王爱德华三世下令禁止英国羊毛输往佛兰德斯，佛兰德斯失去原料来源，转而支持英国的反法政策，承认爱德华三世为法国国王和佛兰德斯的最高领主。

第三个背景事件跟苏格兰有关。苏格兰和英格兰是土地相连的近邻，英格兰国王想要获得苏格兰的控制权，曾经宣布自己是苏格兰的宗主，这就引发了苏格兰的反抗。英格兰和法国有矛盾，法国在暗中一直支持苏格兰跟英格兰叫板，搞得英格兰焦头烂额。

七姐妹岩（沈振宇 提供图片）

多佛尔海峡

> 白崖是英格兰的一种象征，从法国眺望英国第一眼看到的就是白色悬崖。七姐妹岩是英格兰西南海岸地貌的最典型表现，紧邻英吉利海峡，纯白色的崖体及崖上翠绿的草地令人叹为观止。因有七座主要的白垩断崖相连，故名为"七姐妹"。多佛尔海峡离法国最近，从多佛尔到加莱仅33公里，英国到法国的海底隧道也以多佛尔海峡为开端。

英王爱德华三世遂把解决英苏关系的关键指向了法国。

从实质上说，英法百年战争是两个民族之间领土与主权的争夺。英王在法国境内拥有领地，正在形成中的法兰西民族对此不能容忍；英国人认为保住自己在法国的领地，反对法国插足苏格兰事务，是维护民族利益和主权的主要任务。

在百年战争爆发前，法国和英国的恩怨已经很深。战争总是要有一个导火索，这个导火索就是法国王位的继承问题。两国王室之间长期存在联姻关系，1328年，法国国王查理四世去世，因查理无子无兄，而其妹是英王爱德华三世的母亲，爱德华三世便以法王外甥的资格要求继承法国王位，但遭到法国三级会议的拒绝，此时法国的民族主义已经兴起。之后，爱德华三世一直和法国新国王腓力六世争夺法国的王位。法王腓力六世加强中央集权，把王权控制的范围扩展到阿奎丹（Aquitaine）地区，而这一地区却是英王爱德华三世在法国的主要领地。1337年，法王宣布收回英国在法境内的全部领土，英王则宣布自己是法兰西国王，由此，腓力六世派兵攻占了英王在法国的领地，爱德华三世决定进攻法国，百年战争爆发。战争是打打停停，停停打打，开始阶段英国

战争第一阶段：英军势如破竹，俘虏法王，法国被迫签订和约，割让领土，支付补偿款，爱德华也放弃对法国王位的声索。

战争第二阶段：法国反攻迫使英军停战，英国除保存加莱等几个沿海城市外，将其余法国领地归还法国。

战争第三阶段：英王亨利五世率军在塞纳河口登陆，大败法军，占领了巴黎及法国北部，收复诺曼底，签订《特鲁瓦条约》。

战争最终阶段：英军围攻奥尔良，法国面临沦陷危机。在少女贞德爱国热诚的感召下，法军英勇奋战，终于解除了奥尔良的围困，并乘胜追击，把英国人逐出巴黎、赶出诺曼底，英王失去了除加莱以外所有法兰西领地，百年战争至此结束。

取胜，后来法国出现了圣女贞德，英国开始吃败仗，最终被法国彻底打败。除了一个加来港之外，英国失去了原来在法国的所有领地。

在百年战争后，英国和法国两国共戴一王，或在对方版图上占有领地的时代一去不复返了。英国彻彻底底地输掉了战争，是一个完全意义上的战败国，但这个失败却成为英国未来发展的转折点。从此以后，英国再也不考虑欧洲大陆的领土利益，或者寻求在欧洲大陆的霸权地位。正是在百年战争之后，英国人的本土意识不断发展和强化，语言和文化等方面日益地表现出独立性，为英国民族国家的形成创造了条件。英法百年战争彻底分开了英格兰和法兰西，它们在战后逐步发展成两个民族国家——英国和法国。

但是，百年战争对英国的影响并不限于这一点。在这场战争

圣女贞德是法国历史上最伟大人物之一,她在百年战争中带领法国军队对抗英军,为法国最终获胜立下头功,最后被捕并被处决。贞德死后成为西方文化的一个重要角色。莎士比亚认为,贞德也救助了英国,如果英国在百年战争胜利并吞并法国,那自由主义将不在英国存在。

圣女贞德

当中,英国贵族的私人武装得到增强,在战争后期,英格兰大贵族的派系纷争非常激烈,给日后的英国王位的争夺埋下了隐患。英法百年战争从爱德华三世时期开始,爱德华有13个子女,其中两个儿子实力最大,一位是兰开斯特公爵,另一位是约克公爵,他们形成了英格兰两大家族。爱德华三世死后,先由其长孙理查德继任国王,之后兰开斯特家族就一直出任国王。英国人喜欢玫瑰,戴安娜王妃去世的时候,就有一首挽歌"英格兰的玫瑰"。玫瑰在英国具有重要意义的一个缘由就是三十年战争,即约克家族和兰开斯特家族之间的战争。约克家族的徽章是白玫瑰,兰开斯特家族的徽章是红玫瑰,因此这场战争也被称为"红白玫瑰战争"。战争结束后,这两种玫瑰合而为一,成为白蕊的红玫瑰。于是,白心红玫瑰成了英格兰的象征,也逐渐成了英国的象征。

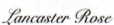

红玫瑰与白玫瑰徽标

> 玫瑰在中世纪欧洲是很受欢迎的文化符号。它们的颜色用在政治、文学和艺术中往往具有重要而对立的含义。比如，红玫瑰和白玫瑰可以象征爱情与死亡。祈祷书的边缘、历书和科学文本中也有玫瑰图案。到13世纪亨利三世统治时期，英格兰的贵族家庭徽章中开始使用玫瑰图案。

英法百年战争结束后，兰开斯特家族坐上了英国国王宝座，持续了很多代，最后一代国王亨利六世登基时只有一岁，百年战争就是在他任期内结束的。亨利六世患有间歇性的精神病，在百年战争最后阶段，英国吃了一系列败仗的时候，他的精神病又复发了。在他幼年不能做主的时期，或在他精神病发作的时候，都由他的叔叔约克公爵做摄政王。后来亨利六世和王后玛格丽特有了一个儿子，他们指望儿子接班成为新国王，并开始排挤约克公爵的干政。

约克公爵认为，虽然亨利六世有个儿子，但是亨利六世有精神病，况且外界传说这个儿子不是亨利六世的亲儿子，而约克公爵又是爱德华三世的直系后代。于是两大家族就围绕王位的继承权发动了战争。最后的结果是，约克家族获胜，爱德华四世成为约克家族首位英国国王，并将亨利六世杀害于伦敦塔。

1483年，爱德华四世病逝，遗命其弟弟理查德为摄政王，辅佐爱德华两个未成年的儿子，大儿子爱德华五世12岁，小儿子9岁。但是，两个王子的叔叔理查德很快取而代之，宣布爱德华的两个儿子是私生子并自动失去王位继承权，两个王子被关进伦敦塔，后来就失踪了。该事件引起了英国贵族们的强烈不满，亨

英国皇家卫兵

利·都铎发动军队与理查德作战，胜利之后他成为英国新国王亨利七世，开始了一个新朝代——都铎王朝。

亨利·都铎是兰开斯特王室的后代，他的母亲是兰开斯特公爵约翰·博福特的曾孙女。亨利七世作为开国君主，认为家族的王室血统不太多，为了加强自己的国王继承权的正统性，他很快迎娶了爱德华四世的女儿伊丽莎白。于是，约克家族和兰开斯特家族合在一起了，红玫瑰和白玫瑰也合并组成都铎王朝的王徽。两个敌对家族之间的联姻，结束了持续三十年的玫瑰战争，英国从战争的废墟中走出来，开始迈进近代社会。两个家族虽然合二为一了，但约克公爵和兰开斯特公爵这两个头衔保留了下来。都铎王朝是兰开斯特家族开创的，所以兰开斯特公爵后来一直由英国的国王或女王来兼任，比如，伊丽莎白二世同时也是兰开斯特公爵。女王的第二个儿子安德鲁王子是约克公爵。

英法百年战争让英国斩断了与法国及欧洲大陆的土地纠葛，从此以后，英国一心一意地只关注自身的发展。在红白玫瑰战争中，英国大贵族要么战死了，要么因为战争不能组建家庭，没有后代，所以在红白玫瑰战争结束以后，英国的大贵族基本没有了。我们前面讲到，在中世纪的英国，贵族是国家的分裂力量，国王是国家的统合力量。由于英国大贵族的消亡，在都铎王朝建立以后，英国国王的权力变得不可撼动，这就为民族国家的构建奠定了基础。

民族国家的铸造

第五章
亨利八世与血腥玛丽：
天主教与新教的此消彼长

上一章中，约克家族和兰开斯特两大家族为了争夺英国的统治权，相互杀戮，最后以两大家族的联姻融为一体，开启了英国历史上著名的都铎王朝。

都铎王朝是英国民族国家的开创期和形成期。民族国家有两个最基本属性，或者说两大特征，一是国家必须统一，二是国家必须独立。在红白玫瑰战争中，英国消除了国家的分裂势力，即大贵族对国王的分权，在都铎王朝建立后，英国统一任务就基本完成了。

在英法百年战争后，英国与法国彻底分开，英国开始独立发展。但是，英国的独立性问题并没有彻底解决，最大一个威胁就是宗教问题。中世纪的英国国王也是教徒，他在宗教上必须服从罗马教廷的旨意，包括主教任命、教会财产，以及其他一些重要事项，国王都无权过问，也无权干涉。因此，国王的权力和国家的主权也就遭到了严重的削弱。英国通过宗教改革解决了这个问题。

提到欧洲宗教，我们自然想到基督教，欧洲文化的本质就是基督教。在欧洲基督教发展史上，发生过两次大的分裂。第一次分裂在11世纪初，产生了天主教和东正教，东正教主要是俄国等东欧国家的宗教信仰。第二次分裂发生在16、17世纪欧洲宗教改革，形成了天主教和新教两大派别。所以，欧洲的基督教包括三支：天主教、新教和东正教。这三大宗教合在一起被统称为基督教，所有三大教派的信徒都是基督徒。

欧洲宗教改革中有三件事情特别重要。一是马丁·路德的宗教改革，二是加尔文的宗教改革，三是发生在英国都铎王朝时期的英国宗教改革。亨利八世发动了这场宗教改革运动，使英国摆脱了罗马教廷的统治。可以说，包括英国在内的欧洲宗教改革的主要意义，并不在于宗教教义的变化，而是国家政治主权问题。换句话说，欧洲宗教改革为欧洲民族国家建立奠定了宗教基础。

欧洲宗教改革的一个主要原因就是天主教会的腐败，天主教会拥有所有欧洲国家1/3的土地，教会利用各种名目搜刮民财，这也是宗教改革获得成功的群众基础。宗教改革促进了民族国家的构建，人们一般是从正面角度来理解。但是，宗教改革没有实现宗教宽容，正是在宗教改革之后，天主教和新教两大派别相互争斗，持续了四百年左右的时间，一直到一战之前才平息下来。

所以，宗教改革绝不意味着宗教更宽容，当然从政治上讲，它为民族国家的建立奠定了基础。

英国宗教改革的直接原因非常奇怪，它源于亨利八世的离婚案，这是怎么回事呢？要回答这个问题，我们要回到亨利八世的父亲，也就是亨利七世身上。亨利七世开创了都铎王朝，这个王朝是建立在三十年内战的废墟上的。战后的英国非常衰弱，亨利七世通过与欧洲国家王室联姻保证国家和平和独立。亨利七世共有四个子女，两个儿子，两个女儿。长子亚瑟娶了西班牙的凯瑟琳公主，亚瑟病逝后，他又安排次子亨利续娶了大他6岁的嫂子凯瑟琳，当时亨利才12岁。长女玛格丽特嫁给苏格兰国王，这是17世纪初苏格兰国王入主英格兰的缘由。小女儿玛丽则与神圣罗马帝国皇帝的长孙订婚。

亨利八世和凯瑟琳的婚姻在开始阶段是甜蜜的，他们共同生活了25年，生过5个孩子，但只有玛丽公主活了下来。这就意味着亨利八世去世以后，能够继承英国王位的，只有他和凯瑟琳的女儿玛丽。因为宗教的约束，欧洲国王只能有一个老婆，如果想要娶第二个老婆，必须和第一个老婆离婚。

都铎王朝是在红白玫瑰战争废墟当中建立起来的。为什么发生这场战争？就是因为王位继承问题不明晰。打了30年，英国终于建立起了一个王朝，统一了战乱后的国家，而这个国家的继承人将是一位女性。这对于都铎王朝来讲，对于亨利八世来讲，都是不可想象、不能接受的。因为，如果这位女性继承人继承了王

40 多岁的亨利八世画像

位,在她去世以后,都铎王朝又要改朝换代。为了确保都铎王朝王位的延续性,不发生王位继承权的纠纷,亨利八世迫切需要一个可以合法继承王位的男性后代,而凯瑟琳已经不能再生育。

与此同时,亨利八世与凯瑟琳的侍女安妮·博林热恋了。这些王宫侍从的身份不低,往往都出身于贵族家庭。亨利本人马术、剑术、摔跤样样在行,能作曲演奏,还喜欢诗歌,可以说文武双全。这样的高富帅不断给博林写情诗,博林也没有理由拒绝亨利八世的求婚。

但亨利已经结婚,他有妻室,于是他向教皇申请离婚。《圣经》里面讲,一个人娶了他哥哥的老婆,跟嫂子结婚不可能有后代。亨利八世便以《圣经》中的这段话作为离婚的理由，向当时的教皇提出离婚申请。起初，教皇对亨利提出的离婚诉求是同情的，可是凯瑟琳坚决不同意离婚，她要保住自己英国王后的位置，而且她背后有强大的支持力量。凯瑟琳的外孙是查理五世，他是神圣罗马帝国皇帝，又是西班牙国王，在欧洲是说一不二的大名鼎鼎的人物。教皇在查理五世的压力之下，不敢同意亨利八世的离婚请求。为此，亨利八世有两种选择：一是保持婚姻，服从教皇的统治。二是坚决离婚，保证都铎王朝有男性王储，否定教皇对英国的管辖权。

亨利八世离婚案是英国宗教改革的导火索。但离婚案只是一个表层原因，英国宗教改革运动能够成功，最重要的原因是得到了英国人民的拥护，改革具有群众基础。英国宗教改革体现了英格兰民族主义的高涨，反教权主义是英国民族主义的一种直接体现。

新教是从德意志马丁·路德新教改革开始发展的，它最基本的原则或者教义是"因信称义"。基督教有原罪说，"因信称义"是指一个人能否得到救赎取决于他对上帝和基督的信仰，取决于心中有没有上帝。在当时来讲，这种新教思想的重要性非常大。举个例子，当时天主教会建造教堂需要很多钱，于是教会就推出了一种赎罪券，鼓动信徒花钱购买，并说买券人的罪会被宽恕，死后可以进天堂。当时的欧洲是个天主教的大世界，除了极少的犹太教徒等异教徒外，绝大多数人都是天主教徒，他们都想进天

英国教堂华丽的装饰

堂。可是,当时的老百姓没有钱,又怕进地狱,买还是不买成为两难。这个时候有人说,你无须买赎罪券,你只要心中信仰上帝,信仰耶稣,你就可以进天堂。你想象一下当时人听后会是一种什么感觉。所以,新教一下子抓住了老百姓的心,这是宗教改革获得成功的最关键的原因。

当然,亨利八世和教皇的分裂主要不是为了改变宗教本身,其实亨利八世本人对新教是持敌视态度的,因为天主教肯定君权神授,注重等级观念,对国王统治有利。尽管如此,亨利八世离婚案为英国宗教改革打开了一个口子,打破了英国和罗马天主教会之间的原有稳定关系,将英国推向了新教改革的道路。通过一系列的议会法案，亨利八世取代罗马教皇成为英国教会的最高领袖，取得了制定英国教规和任命英国主教的权力，解散了所有修道院，并将其巨额土地财产收归王室。从此，英国君主就一直是英格兰俗界和宗教界的双重首领，英国脱离了罗马天主教会体系，建立了由国家政权控制的、以国王为最高统治者的英国国教会。

在英国宗教改革的初期，英国还是一个保留天主教传统的国家。亨利八世并不是一个新教徒，他只反对教皇，不反对天主教。亨利对天主教教义和礼仪有真感情，他无法全面否定自己的天主教信仰。在这个时期，新教在英国只是没有教皇的天主教而已。亨利八世去世后，他唯一的儿子爱德华成为英国国王。亨利八世一生娶了六位妻子，主要原因就是为了有儿子继承王位，然而只有他与第三位太太所生的儿子爱德华存活下来。正是在爱德华六世时期的英国，天主教向新教发生了实质性的转变，爱德华六世成为英国首位信仰新教的国王。爱德华六世继任国王后，命令坎特伯雷大主教用英文写作公祷书，在举行宗教仪式时，所有的教会和牧师必须使用这个公祷书。

公祷书规定安立甘教为英格兰国教，对它的各种仪式都做了详细的规定，比如圣餐礼、临终的涂油礼、忏悔、牧师的忌服、圣坛的位置等。新教的派别非常多，在圣餐、圣母、圣歌、主教制等方面，新教内部也存在很大的分歧。当然，天主教和新教的差别更大。第一个主要差别是天主教承认罗马教廷，服从罗马教皇的领导，而新教不承认。第二个不同是新教提倡"因信称义"，

坎特伯雷大教堂

约克大教堂

> 在英国有两个大主教：坎特伯雷大主教和约克大主教，下面还有44位主教。中世纪的城市都有一座大教堂（cathedral），有大教堂才是城市（city）。比方说剑桥不是"city"，而在剑桥旁边的伊利（Ely）有座大教堂，所以它在中世纪是城市。我们去英国旅游时，由此可以判断某座城市是不是古城。

一个人心中只要有上帝，只要有耶稣，就可以得救。此外，天主教的神父是神职人员，他们一般被要求独身，而新教教会人员可以结婚。简单地说，新教清除了很多天主教原有的陈规陋习。

爱德华六世的宗教改革是一种温和改革，它是保持国家统一基础上的宗教改革。在这种温和的宗教改革过程中，英格兰民族加强了凝聚力，没有造成国家的分裂，而其他一些欧洲大陆国家却因为宗教改革发生分裂，走向内战。欧洲17世纪的三十年战争，就是因为宗教改革产生的两大派别之间的互相仇杀，德意志分裂得连一个凝聚点都没有。与此不同的是，英国在宗教改革以后，形成了一个稳定而统一的民族国家。

从真正意义上讲，英国宗教改革从爱德华六世开始，可惜爱德华六世16岁就因肺病去世了。根据长幼继承顺序和亨利八世的遗嘱，应该由亨利八世的大女儿玛丽继承王位。然而，爱德华六世强迫议会修改继承法案，宣布册立简·格雷为王位继承人。简·格雷的外祖母是亨利八世之妹玛丽·都铎，她与表舅爱德华六世同年出生。1553年7月6日，爱德华六世病逝，简·格雷继位，成为英国史上第一位女王。简·格雷登上王位是诺森伯兰公

伊利大教堂

爵的图谋，诺森伯兰公爵是爱德华六世的舅舅，他向国王推荐自己的儿媳简·格雷，宣称她继位将阻止天主教势力复辟，但其根本目的是将国家权力掌控在自己手中。简·格雷登上王位后，立即引发国内的强烈反对，而诺森伯兰公爵把持朝政更是激起民众的强烈不满。简·格雷当上女王的第13天（另一说是9天），玛丽公主举兵南下，效忠于简·格雷的军队倒戈。7月19日，枢密院废黜简·格雷，宣布玛丽公主才是合法女王。上台后，玛丽一世以简·格雷放弃新教为条件，允诺放她一条生路，但遭到后者的拒绝。1554年2月12日，简·格雷被送上断头台，死时不满17周岁。

玛丽一世跟其母凯瑟琳一样，是一个坚定的天主教徒。她9岁的时候，父王亨利八世赐予她威尔士女亲王的称号，这一直是英国王储的头衔，伊丽莎白二世的大儿子查尔斯王子就是威尔士亲王。母亲凯瑟琳被褫夺王后的称号后，玛丽也因此被贬为私生女。在亨利八世第六位妻子凯瑟琳·帕尔的劝解下，1544年，亨利重新赋予玛丽王位继承权，位置在爱德华王子之后。玛丽痛恨新教，因为父亲为了跟母亲离婚发动了宗教改革。所以，玛丽成为女王后，把恢复天主教当作施政的首要目标，任命天主教徒担任坎特伯雷大主教，恢复异教审判和火刑。在她担任英国女王的四年当中，有300多名新教徒被烧死，其中包括原坎特伯雷大主教、伦敦主教，玛丽因此被称为"血腥玛丽"。

1554年，38岁的玛丽一世嫁给了西班牙菲利普王子，当时

> 枢密院是英国君主的咨询机构，君主遵照枢密院的建议行事时，称为"国王会同枢密院"（King-in-Council）或"女王会同枢密院"（Queen-in-Council），以往权力巨大，现在只有礼节性质。枢密院通常每月举行一次会议，枢密院议长读出等候通过的法令，君主只需说"同意"即可。理论上，君主可以说"拒绝"，但在安妮女王以后，一直没有发生这种情况。每次出席会议的顾问官很少，而且是获政府邀请才能出席。在君主宣布大婚或君主驾崩的情况下，枢密院会议才会要求全体成员出席。

引发了英国新教徒的暴力抗议。菲利普比玛丽小 11 岁，两人是闪婚，首次见面两天后便举行婚礼。根据婚约内容，菲利普得到了英格兰国王的称号，议会同时听命于两人的联合旨令。婚约也写明英国没有义务为西班牙提供任何军事援助。1556 年，菲利普继位西班牙国王，玛丽也就成了西班牙王后，不过两人依然分居。实际上，菲利普二世更有兴趣与英国结盟，而不是玛丽本人，他极力说服玛丽支持西班牙与法国开战。在这场战争中，英国在欧洲大陆的最后据点加莱被法国占领，英国不介入欧洲大国纷争的原则遭到破坏。

在爱德华六世和玛丽一世的十年统治中，英国在宗教问题上出现了大摇摆。玛丽成为英国女王以后，天主教的势力在英国复辟，英国的内政外交又受到了西班牙和罗马教廷的左右。当然，玛丽一世的强硬性格和暴力行为是由她悲惨压抑的早年生活造成的，这些早期经历驱使她亲近西班牙和天主教，可她的臣民属于英国与新教。君主应将自己的抱负、愿望、恐惧、嗜好以及偏见与臣民共享，玛丽抛弃了都铎王朝这个最重要的特征。1558年11月17日，42岁的玛丽病逝，伦敦爆发一片欢庆声，之后很长时间，玛丽的忌日都是英国的公共欢庆日。1559年1月15日，伊丽莎白公主继位，她是亨利八世与第二任妻子安妮·博林的女儿，英格兰进入都铎王朝的后期，也迎来了一个辉煌的年代。

第六章

"我嫁给了英格兰":
伊丽莎白一世与海上霸主地位的确立

血腥玛丽去世以后,她的同父异母的妹妹,25岁的伊丽莎白公主登上王位,史称伊丽莎白一世。伊丽莎白一世统治英国45

安妮·博林

伊丽莎白(13岁)

年，都铎王朝一共历时118年。正是在伊丽莎白一世时期，英国成长为欧洲最强大的国家，创造了光彩夺目的伊丽莎白时代。

1533年9月7日伊丽莎白一出生，就被指定为王位继承人。伊丽莎白3岁时，她的母亲安妮·博林在证据不足的情况下被判决斩首，这是英国历史上第一位被处死的王后。亨利八世曾苦苦追求安妮·博林多年，她也堪称是亨利最完美的情人。为了与安妮结婚，亨利八世连续六年向教皇申请与前妻阿拉贡的凯瑟琳离婚，最后不惜与教皇决裂。但结婚后，亨利对她的热情消退，两人关系急转直下，特别是安妮几次怀男孩却都流产后，亨利八世宣称与安妮的婚姻受到了上天的诅咒。亨利八世又有了新欢，他不能放弃对儿子的渴望，也越来越厌恶安妮。亨利八世的权力至高无上，他痛恨的人，就只能去死。母亲死后，伊丽莎白被宣布为私生女，从"公主"变成了"小姐"，遭遇了与她的姐姐玛丽同样的命运。但与玛丽不同的是，伊丽莎白是新教徒，玛丽一世登基后，曾逼迫伊丽莎白改信天主教，但伊丽莎白内心始终是一个新教徒。1558年3月，由于玛丽一世婚后长期无子，只能接受伊丽莎白为自己的合法继承人。

伊丽莎白一世继任伊始，她面临最大也最棘手的一个现实问题，就是血腥玛丽复辟天主教造成的宗教压力，这种压力来自于新教和天主教两个方面。一方面，宗教改革后，天主教已被大多数英国人抛弃，那些遭到玛丽女王迫害的新教徒渴望恢复原状。另一方面，伊丽莎白面临天主教势力的外部压力，西班牙是整个欧洲大陆天主教的中心，英国与天主教法国又处于交战状态。如果在处理国内宗教问题上，伊丽莎白一世贸然地改变宗教立场，或者处理不当，可能同时得罪上述两个欧洲最强国。

　　为了消除可能引起内乱外患的宗教导火线，伊丽莎白谨慎颁布了一系列的"宗教决定"，确定了英国宗教的基本原则：第一，新教为英国国教；第二，实现英国宗教之间的和解，消除宗教冲突所可能引起的内战。当然，伊丽莎白对天主教徒和清教徒都实施了有限的宽容政策，但女王宗教宽容的出发点是为政治服务，重在国家利益而不是宗教自由。与此同时，伊丽莎白保持与法国和西班牙两个国家的沟通，让英国从西班牙和法国的战争中解脱出来。英国又与苏格兰和法国签订了《爱丁堡条约》，该条约保证了苏格兰和英格兰之间近百年的和平。

西班牙王宫（李思琦 供图）

在伊丽莎白一世时代，宗教问题和政治问题相互纠缠，君主的婚姻和王位的继承，都是关乎到国家命运的大事，都与宗教问题牵扯在一起。伊丽莎白女王的婚姻问题更是特别复杂，涉及都铎王朝的延续，伊丽莎白的个人安全，关系到英国未来的命运。如果她与外国王子结婚，英国将可能无法保持外交中立政策；如果她嫁给英国贵族，宫廷内部的宗派斗争将会加剧。而且，玛丽一世的失败婚姻给伊丽莎白造成很大阴影。在很大程度上，玛丽

在位期间的伊丽莎白一世

和菲利普的失败婚姻造成了玛丽一世在英国统治的失败。菲利普二世是强大西班牙的象征，又代表着欧洲的天主教势力，在英国人看来，玛丽一世既背叛了英格兰民族，又背叛了新教。玛丽的天主教复辟导致国内教派的对抗加剧，她的对外政策又导致国际安全形势恶化。

这让伊丽莎白一世认识到，自己的婚姻可能给英国的利益带来严重不利影响。伊丽莎白继位时25岁，是典型的"白富美"，在欧洲自然不乏追求者，我们谈谈其中的两位。第一位是她的姐夫西班牙国王菲利普。伊丽莎白继位之初，菲利普二世希望续弦这位小姨子，这样他就能继续控制英国，巩固西班牙的欧洲强国地位。伊丽莎白不喜欢自己的姐夫，而且英国要保持独立和安全，她就不可能与西班牙国王结婚。西班牙是当时欧洲最强大的国家，为了不给她本人和英国带来威胁，伊丽莎白没有断然拒绝菲利普国王的求婚，而是采取了拖延战术，让菲利普二世抱有希望，但又不给明确的答复。她利用这段宝贵时间集中精力解决国内最棘手的问题，尤其是新教和天主教的对抗问题。

伊丽莎白内心喜欢的郎君是弗朗西斯公爵，但公爵是法国王位的继承人，如果两人结婚，英国也会被拉入欧洲的纷争，英国枢密院反对这场婚姻。最后，这段恋情也就夭折了。

此外，瑞典王储、德意志皇子等欧洲贵族也向伊丽莎白求婚，但他们都被伊丽莎白一世拒绝了。在当时的欧洲，宗教产生的各种冲突不断，伊丽莎白与任何一个强国的王室联姻，都可能给英国带来不可预测的风险,把英国推向无穷无尽的战争深渊。在国内,也有很多英国贵族希望和伊丽莎白成婚,但她与任何贵族的婚姻,都可能造成国家的分裂。因为在当时的英国还没有任何一个贵族具有无可比拟的威望,找一个人结婚就会引起其他人的妒忌,可能重演王位继承权引发内战的历史。

在一部关于伊丽莎白一世的电影中有这样的情景描写:英国贵族们不断催促伊丽莎白一世考虑谈婚论嫁之事,最后把伊丽莎白一世逼得实在没有办法了,她说了一句话,"我嫁给了英格兰"(I married England)。伊丽莎白一世是英国的伟大君主,除了她的骄人政绩外,在个人问题上,她为了国家,最终选择了独身。

伊丽莎白不结婚,没有后代,都铎王朝的王位继承问题出现了。在这种情况下,苏格兰女王玛丽成为英国王位的最强大挑战

玛丽·斯图亚特

> 亨利八世在继承人问题上做了三重保险:爱德华及其后代;玛丽及其后代;伊丽莎白及其后代。三个子女先后都继承了王位,但都没有后代,在伊丽莎白死后,都铎家族不再有直系王位继承人。按照王位继承法,英国王位应传给苏格兰女王玛丽·斯图亚特及其后代,她是都铎家族最亲近的旁系亲属。

者，给伊丽莎白的人身安全也带来了最大隐患。

玛丽·斯图亚特是亨利七世的外重孙女，伊丽莎白是亨利七世的孙女，在辈分上，伊丽莎白是玛丽的表姑妈。玛丽由于婚姻问题失去了对苏格兰的统治权，没有保住苏格兰女王的地位。在苏格兰贵族的逼迫之下，她逃亡到英格兰，投奔姑妈伊丽莎白一世。玛丽本人是天主教徒，又具有英国王位的继承权。以西班牙为代表的欧洲天主教势力认为，亨利八世和安妮·博林是无效婚姻，他们的女儿伊丽莎白是个私生女，伊丽莎白没有权力继承英国王位。因此，欧洲天主教势力支持玛丽取代伊丽莎白成为英格兰的君主。

玛丽到英国后对伊丽莎白的王位产生了威胁，英国议会请求伊丽莎白一世杀掉玛丽。但是伊丽莎白顾虑到与玛丽的亲戚关系，下不了这个手。伊丽莎白还有一种顾虑，西班牙是欧洲天主教阵营的代表，如果杀死玛丽，也就意味着英国向西班牙宣战。所以，她非常犹豫，迟迟下不了决心。最后有一件事情，促使伊丽莎白改变了态度。伊丽莎白手下的人截获了一封密信，信中表露玛丽准许她的同党刺杀伊丽莎白。这件事情促使伊丽莎白一世杀掉了玛丽。处死玛丽的事件发生后，西班牙将其视为英国对天主教世界的挑衅，由此导致英国和西班牙的海战。

英国和西班牙的海战也有经济原因。当时的英国海盗在大西洋开展三角贸易，利润非常可观。英国在第二次贸易远征中，遭到西班牙军队的袭击，英国的船只和财物损失惨重。伊丽莎白女王获悉后非常生气,她支持英国人德雷克进行报复,袭击西班牙的船只,抢夺船只上的白银和财物。

西班牙对英国也怀恨在心。在伊丽莎白一世登基后,先是伊丽莎白拒绝了菲利普二世的求婚,接着两国在海洋贸易上发生冲突,然后是伊丽莎白一世杀掉了玛丽。双方的矛盾最终触发了1588年双方的海战,也就是历史上著名的英国和西班牙无敌舰队的决战。

在当时,西班牙舰队是欧洲第一,当然也是世界第一。英国在这场海战中,避实就虚,采取了灵活的战略,放弃了欧洲传统的海战方法,即双方战舰互相贴近,然后士兵翻越到敌方舰船上,在敌舰短兵相接作战。英国战舰的船体较小,相对灵活,船上装备了远程大炮,与西班牙舰队保持一定距离,保证能打到对方,但对方打不到它。反观敌手,西班牙使用的还是旧战术。在这场大海战中,英国舰队击败了西班牙的无敌舰队。在世界历史上,这场战争标志着西班牙海上霸权的衰落,同时意味着英国作为世界海洋强国的崛起。

伊丽莎白一世动用国家力量干预社会经济变革。她一方面保护本国毛纺织业等工场手工业,另一方面鼓励建立各类海外贸易公司,扩大英国呢绒等商品的海外市场。在她统治时期,英国成立了"摩洛哥公司""几内亚公司",这些商业集团在非洲进行贸易掠夺,乃至贩运黑奴。伊丽莎白一世特许"利特凡公司"垄断对土耳其帝国的呢绒出口贸易,女王本人还向该公司秘密投资4

万英镑，占该公司全部资产的一半。1600 年，在伊丽莎白一世支持下，伦敦商人成立了"东印度公司"，该公司享有对好望角以东国家特别是印度的贸易垄断权。

伊丽莎白时代走到了都铎王朝的辉煌顶点。在伊丽莎白一世统治时期，英国作为一个新兴的民族国家已经锻造成熟。伊丽莎白一世在英国历史上具有崇高的地位，她受到了英国民众的永久爱戴。伊丽莎白一世是一位专制君主，英国当时需要这种专制，没有这种专制，英国就不能形成民族国家。与此同时，在都铎王朝时期，英国开始大量颁布法律，伊丽莎白女王是依法治国，而不是随意独断。于是，英国历史上出现了一种"都铎悖论"现象。这个悖论就是，两件应该对立的事情，一个是国王专制，另一个是依法治国，却在伊丽莎白统治时期形成了高度统一，并行不悖。"都铎悖论"是非常值得思考的一个历史现象。

伊丽莎白一世去世后，因为没有直系的王位继承人，都铎王朝谱系就终断了，英国进入斯图亚特王朝时期。在这个时期，发生了英国革命和光荣革命，为工业革命创造了良好的社会条件。这是下一章将详细讲述的内容。

第七章
从暴力革命到光荣革命：
废除专制王权的一波三折

伊丽莎白一世统治英国将近半个世纪，在伊丽莎白统治时期，英国成为欧洲的最强国之一。随着伊丽莎白一世的去世，都铎王朝结束，英国进入斯图亚特王朝。这个王朝伴随着无比的动荡，但也正是在这个王朝，英国走向了世界最前沿。

由于伊丽莎白女王终生未婚，她留下的王位交给了她的姑妈玛格丽特的重孙，也就是被伊丽莎白一世杀掉的苏格兰女王玛丽的儿子詹姆士。詹姆士入主英格兰前是苏格兰国王——詹姆士六世（苏格兰第六个名字是詹姆士的继承王位的人），在英格兰被称为詹姆士一世（英格兰第一个名字是詹姆士的继承王位的人）。于是，詹姆士成为两个国家共同的国王，为100年后英格兰和苏格兰的合并埋下了伏笔。

詹姆士一世也有都铎王朝家族的血统，为什么他继承王位就要更换王朝的名称,不再叫都铎王朝,而变成斯图亚特王朝?其实,王朝是以父姓家族的姓氏命名的,伊丽莎白一世是都铎家族最后一个直系后代,詹姆士一世只是都铎王朝旁系的后代。不过,英国的王位可以易主,王朝可以更替,但是英国历代国王(女王)之间的血脉关系则是一直延续下来的。换句话说,今天的查尔斯三世和中世纪早期的威廉一世,乃至更早的英国国王,在血缘上是一直相连的。君主制保持了国家历代元首的血缘相通,它体现了历史的继承性和不间断性。

詹姆士在苏格兰长大,对英格兰认知有限,面对都铎王朝时代很多遗留问题,也缺乏必要的心理准备,有意无意间还强化了英格兰的专制主义。比如,英格兰在13世纪就有《大宪章》,詹姆士一世对英国政治文化不太了解,与议会之间的矛盾不断增大。一个苏格兰的好国王,却引发了英格兰议会和人民的普遍不满。在都铎王朝时期,英国的君主权力越来越大,君主与议会之间也有不少矛盾,但都铎王朝的君主特别是伊丽莎白一世深谙英国的政治文化,努力保持君主与议会之间的某种平衡,始终把自己的权力控制在一定的限度之内;国王依法治国,"王在法下"。总体来说,在都铎王朝时期,王权专制和议会法治形成了一种微妙平衡。然而,这种微妙平衡在斯图亚特王朝被打破了。

詹姆士一世本人品行好,英国人对他虽有不满,还是保持了很大的容忍度。在他死后,他的儿子查理一世继位。为了给战争筹款,查理一世不通过议会征税,在外交事务上独断专行,偏袒

特拉法加广场的查理一世塑像

宠臣,于此种种,查理与议会的对立越来越尖锐。

1628年,英国议会通过了一份《权利请愿书》。议会在请愿书中指出,他们愿意为国王筹措经费,但是国王必须承认议会具备批准征税的传统权力,也就是说,英格兰征税的权力属于议会,而不在国王手中。在英国历史上,这份《权利请愿书》和《大宪章》一样,也是英国人争取自由和权利的奠基性支柱,在《权利请愿书》的文本中阐释的也是《大宪章》中提到的自由和权利。

查理一世急需大量的钱,1628年6月2日,在无奈之下,他签署批准了《权利请愿书》。可是第二年,他又绕开议会开征新税。从此以后，查理一世和议会之间在立法权问题上不断发生冲突，矛盾日益激化，查理一世甚至下令停开议会。

1640年11月，"长期议会"在查理一世的被迫同意下召开，通过了一系列限制王权的法令，处死了国王宠臣，否决了查理一世征收军费、造船税等诏令。1641年3月，议会的抗议书指出"国王只是英格兰王国的受托者，并非绝对主宰"，并宣称正是国王将自己从议会中剥离出去，威胁了王国的和平与安全。6月6日，议会将国王本人与君主政治明确区分开来。12月1日，议会又将包括200多项条款的《大抗议书》呈交查理一世，这个《大抗议书》最关键的内容是，议会取代国王掌控英国的主权，这引起了查理一世的震怒。

到了这个时候，查理一世不再退让了，他无法容忍把君主的国家治理主权让给议会。与此同时，英国议会内部也发生了分裂，随着查理一世对议会条件的部分接受，议会的势力不断增大，很

《权利请愿书》共有十一项条款，主要规定英国国王未经议会同意不得强迫任何人征收或缴付任何贡金、贷款、强迫献金、租税或类此负担，重申这是英国人生而享有的自由。并规定不出示具体罪证不得任意逮捕他人。

《权利请愿书》

多议员又转到支持国王的这一边。查理一世认为，如果把少数几个激进议员抓起来，议会就会重新站在他这一边，于是他决定亲自率领卫兵到议会抓捕反对派的议员。

查理一世的这个举措彻底失去了伦敦人民的支持，也失去了很多议会议员的同情。大家把反对派议员保护起来，不让国王抓到。查理一世恼羞成怒，宣布议会在叛乱，带着亲眷和保皇派议员离开伦敦，去北方的诺丁汉城举起了王家的旗帜，于1642年8月向议会正式宣战，英国内战爆发。议会军的指挥官是奥利弗·克伦威尔，他率领军队最终打败了查理一世的王党军。

战争一结束，军队和议会之间就发生了矛盾。军队主张审判国王，议会要与国王和解。对于很多长老派议员来讲，他们和国王开战不是为了取代国王，而是觉得查理一世的权力太专制，超越了国王所应有的权力。其实，当时的很多英国政治家都持有类似的观点，即政治平衡——国王权力和议会权力之间的平衡，任何一方的权力都不能太突出，甚至压倒另一方。他们认为，这样一种平衡的政治权力对英国社会的发展与稳定最为有利。比如，议员爱德华·海德·克拉伦登（Edward Hyde Clarendon）是查理一世儿子的家庭教师，在议会和查理一世对抗的初期，他支持议会的主张，因为他觉得国王的权力确实太大了，议会应该向国王施加压力，让国王交出自己的过多权力。在《大抗议书》出台后，他回到国王一边转而反对议会，因为他觉得议会的权力变得太大了，而只有两者权力平衡才是最好的政治生态。后来，他陪

海德公园

海德公园是伦敦皇家公园中最大也最著名的一个,位于伦敦威斯敏斯特区的西部,原是一块采邑庄园,直到19世纪初还是一个荒凉空旷的地方,也是处决犯人的刑场和绅士决斗的地方。19世纪中后期,海德公园成为抗议者发表演说的主要场所,并逐渐成为伦敦的市中心区域。海德公园多花草树木,被称为"伦敦的肺脏"。

着查理一世的儿子即后来的查理二世逃到了国外,伦敦的海德公园就是以他的名字命名的。

尽管如此,因为是克伦威尔的军队打败了国王,军队的统帅在战后具有最强大的势力和权力。克伦威尔命令军队把那些支持与国王和解的议员逐出议会。因为在战争发生之前约有一半议员跟随查理一世离开了议会,克伦威尔把剩下的人又清掉约一半,

1649年1月30日,查理一世通过窗前的过道,走向对面的白厅断头台

最后留下的议员人数只有战前议员总数的少部分,历史上称为"残缺议会"。于是,残缺议会判处查理一世死刑,其罪名是"暴君、叛徒、杀人犯及国家的敌人"。

查理一世被杀,他的儿子查理二世逃到了国外,英国没有国王了。于是,残缺议会宣布英国成立了"共和国",声称议会代表人民掌握最高国家权力。然而,克伦威尔的军队和残缺议会之间很快也出现了矛盾,核心问题就是谁听谁的,最后克伦威尔解散了残缺议会。到了这个阶段,克伦威尔实际上就成了一个无冕之王。克伦威尔是名清教徒,毕业于剑桥大学,他和国王开战的目的是反对国王的专制。可是在他完成这场革命之后,他的个人专制超过了他杀掉的国王。在内忧外患的夹击下,克伦威尔要想实现革命理想，守住革命果实，首先就必须维护自己政权的稳固，用军队清除异己，保证独立派的统治，维护其个人权威。然而，这一行为却背弃了克服专制的革命初衷，这是英国历史上的另一个悖论。

1658年克伦威尔因病去世后，他的儿子继任护国主，立刻遭到了高级军官们的反对，英国掀起了反对"无边界、无限度自由"的浪潮。1660年5月，查理二世被议会请回英国伦敦，斯图亚特王朝复辟。自诩为生而自由的英国人，第一次感受到了自由无边界和无限度的沉重代价。

查理二世不是一个明君，在大陆流亡期间整日花天酒地。在温莎堡内有座塑像，一个人骑在高头大马上，非常威武，这个人就是查理二世。斯图亚特王朝的复辟，恢复了英国历史的正统性，如果没有查理二世，也就没有今天的查尔斯三世，在他之前英国宣布了共和，没有了国王。斯图亚特复辟后，克伦威尔的尸体被挖出来审判，但在英国议会大厦前面也有他的塑像，同样非常威武。历史就是历史，我们也很难用简单的"好人"或"坏人"描述某些历史人物。

查理二世死后，王位传给他的弟弟詹姆士二世。詹姆士二世是一位公开的天主教徒，他发布了一份信仰自由宣言，其实质是在英国恢复天主教。于是，英国议会认为詹姆士二世违背了英国的宪法。宗教的自由也是相对的，在英国，有了新教的自由，就没有天主教的自由，英国今天依然是个新教国家。

温莎堡内的查理二世塑像

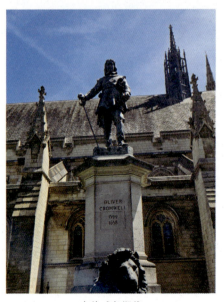

克伦威尔塑像

新教是英国国教，英国教会领袖们向詹姆士二世抗议说，他们宁愿继续被迫害，也不接受违背宪法的宽容。七位主教联名向詹姆士二世请愿，希望国王收回成命。詹姆士二世不接受他们的请愿，把七个主教关进了伦敦塔，但是英国高等法院宣判七位主教无罪并当庭释放，引起伦敦市民的欢呼，詹姆士二世的宗教政策破产。

尽管詹姆士二世和议会的矛盾非常大，但是英国人不想再革命了，他们知道革命的结果。英国人希望以时间换空间，等待詹姆士二世的两个新教徒女儿的继位。1688年6月20日，詹姆士二世又生了一个儿子，小王子的出生彻底改变了英国人等待的想法，王子的母亲是意大利人，他今后将在天主教环境中长大。未来的国王依然是一个天主教徒，所有人对未来的期望都破灭了。

英国议会决定采取行动，他们派海军少将托林顿伯爵秘密前往海牙，邀请荷兰执政威廉率军攻打英国，里应外合。威廉是查理一世的外孙，信奉新教，他的妻子玛丽是詹姆士二世的长女，如果他们夫妻担任英国君主，既能维护斯图亚特王朝的连续性，又能防止天主教在英国的回潮。1688年11月1日，威廉率领军队在托尔湾登陆。詹姆士二世众叛亲离，逃亡法国，12月威廉兵不血刃进入伦敦。1689年1月，英国议会以詹姆士二世擅离职守而王位不能空缺为由，宣布由玛丽和丈夫威廉共同登基成为英国君主，史称威廉三世和玛丽二世。这场革命几乎没有流血，在历史上被称为"光荣革命"。

威廉和玛丽的王冠是英国议会给的，在他们上台之前，英国议会要求两人签署一份《权利法案》。该法案确立英国议会为英国最高主权代表，废除了君主个人专制。英国议会后来又通过了一系列的改革文件，最终在英国确定了"君主立宪制"，英国也再不属于君主个人，而是属于国家和民族。17世纪是英国的革命年代，最终由一场不流血的光荣革命画上句号。1689年底，英国议会颁布了《权利法案》，从法律层面巩固了这场非暴力革命的成果。

光荣革命在英国历史上特别重要，不是因为光荣革命取得了彻底变革，而是在于它是一次不彻底的革命。光荣革命更换了英国人不喜欢的国王，其他的制度性变革是在此之后一点一点逐步完成的。光荣革命特别重要也不是因为它是一场"不流血"的革命，而是因为在光荣革命之后，英国迈上了渐进平稳改革的道路，再也没有爆发过革命。英国在光荣革命之后建立起的君主立宪制一直存续至今，英国人常常引以为豪地认为：英国来自于光荣革命！这是光荣革命最"光荣"的理由。

在光荣革命之后，英国议会成为国家主权的代表，而英国政党产生于英国议会内部，并逐步成为管理国家的主导力量。下一章，我们介绍英国现代政党制度的起源和确立。

《权利法案》以法律权利代替君主权力，共有13条规定，主要包含两方面内容：一是限制国王的权力；二是保证议会的立法权、财政权、司法权和军权等。1701年英国议会又通过了一部《王位继承法》，被看作是《权利法案》的补充，这两个法案确立了英国"议会至上"的原则，是迈向君主立宪制度的重要一步，议会逐渐成为国家的最高权力机关。

第八章
"是,大臣":英国政党制度的骂战史

现代政党制度起源于英国,产生于英国议会内部,不同政党彼此竞争,又是伙伴,目标是相同的,即保证英国走在正确的道路上。我们先来谈谈英国政府是如何组建的,议会、政党、首相、内阁之间是什么关系。英国政党的最重要任务是竞选下议院议员,在下议院的选举中,一个党如果获得了议会的多数席位,它就成为下议院的多数党,然后这个多数党可以组建新一届政府,首相就是这个多数党的领袖,并由他(她)任命内阁大臣。内阁大臣是前排议员,下院开会时坐在最前排。首相和内阁大臣在议会中举足轻重,他们对国家政策有关键性的影响。

在英国政党没有产生之前,国家治理与政府管理工作由谁负责呢?在光荣革命之后,英国确定了议会的主权,奠定了君主立宪制的政治基础。但是,光荣革命没有解决行政权和立法权的关系问题,法律颁布后谁来实施,在当时还很模糊。英国君主保持

独立的行政权,是实际上的行政首脑,有权遴选政府大臣。大臣也被称为枢密院大臣,君主与枢密院大臣在一起商议国家大事,形成了一个核心集团,后来发展为内阁政府。议会有制定法律的权力,但是国王可以不理会。政府大臣由国王任命,只听国王命令,议会对政府没有控制权。在这种情况下,行政和立法处在一种双头状态下,各行其是。

在18世纪初安妮女王统治时期,议会做出了一个规定:国王任命的大臣必须是下议院议员。从此,国王再不能任意任命大臣了,议会和政府之间建立起有机联系,国王对内阁政府开始失去控制权。安妮女王比较优柔寡断,对同一件事情的意见经常变来变去。为了改变这种状况,大臣们逐渐形成了一个习惯,就是他们处理一件事情的时候,首先内部磋商取得一致意见,再向女王汇报,让女王根据内阁的一致意见做决断。这就形成了一个先例,内阁的意见必须首先获得统一,内阁集体对议会负责的机制形成了。因为内阁集体向议会负责,政府要么服从议会,要么就下台,君主的否决权没有实际意义了。到了后来几任的国王在位时,国王对议会的主导权不断削弱,议会越来越成为国家的主宰。议会中的多数党组建政府,政府组建内阁,内阁共进退并向议会负责,这样的制度逐步建立起来。

很有意思的是,斯图亚特王朝复辟时期正是英国政党制度的萌芽时期。在那个时期,围绕王位继承问题,议会提出了《排斥法案》。查理二世没有婚内子女,他的弟弟约克公爵詹姆士成为王

英国下议院

下议院的议员由选民直接选举产生,行使立法权、财政权和行政监督权。立法的程序是提出议案、议会辩论、经三读通过、送交上议院通过,最后呈英王批准颁布。国家财政权由下议院行使,具体政策制定权归政府内阁。议会对行政的监督权通过议员对政府工作或政策提出质询或进行辩论来行使,当下议院对政府提出不信任案时,内阁必须辞职,或提请国王解散下院,提前大选。

位的继承人。詹姆士是天主教徒,1679年,议会提出《排斥法案》的目的是将天主教徒詹姆士排斥在王位继承权之外。围绕这个问题,议会内部分成了两派,一派支持这个法案,主张天主教徒不可以担任英国国王;另外一派反对这个法案,认为要遵守英国王位传统的正统继承权。支持这个法案的被称为"辉格派",辉格在苏格兰语中是强盗的意思。反对这个法案的被称为"托利派",在爱尔兰语中是歹徒的意思。两派一开始就这样相互讥讽,今天的保守党与工党也是如此。

两派后来发展下去,成为了议会中的两个党派。"辉格党"发展为"自由党","托利党"是"保守党"的前身。看到这里,你可能会想起一部老牌英剧——《是,大臣》,里面有十足的英式幽默和政治讽刺。不过,尽管双方相互讥讽,但在此后的一百多年时间里,他们的党派意识还比较模糊。两个党派内部经常分裂,首相在选举内阁大臣的时候,也不排斥与自己分属不同党派的议员。在不同的问题上,议员们的观点常常发生转变,可以将选票投给与自己不同的党派。从本质上讲,托利党和辉格党都赞成通过国王、国教和议会三者共同来管理国家。在这个前提下,托利党倾向于三者之间的平衡,辉格党主张议会权力大于国王和教会;

伦敦塔桥

托利党更加保守且抗拒变化，辉格党接受新思想更快一点。

1834年，威廉四世动用国王的特权解散内阁，执意任命一个托利党少数政府。然而，大多数选民没有站在国王偏爱的政治人选一边，辉格党获得了议席的多数，皮尔首相被迫辞职。从此之后，英国君主再也没有试图解散在下院拥有多数支持的内阁，政府必须建立在下院拥有稳定多数的支持之上。到了19世纪后期，在天主教解放、议会改革问题、经济改革问题、王室特权、内阁制以及公共秩序等国家主要问题上，两大政党的观点逐步趋于两极化。这就促成了两党的意识、目标和手段的分野，现代政党特征明晰起来，托利党完成了向保守党的转变，辉格党变成了自由党。

我们看世界各国政治新闻时，关注点往往在党魁身上，也就是党的领袖身上，而不是他们所代表的政党。在1867年以前的英国，党魁的产生主要凭借出身、社会关系、个人才干等个人条件，由内部推选产生，而不是由正式选举产生；首相也没有广泛的群众基础，他是以国王大臣的身份，而不是以党魁的名义就职。这种情况的根本改变主要得益于两个人，一位是自由党领袖格拉斯顿，另一位是保守党领袖迪斯雷利，两人对英国党魁的发展史具有举足轻重的意义。1868年到1886年，史称"迪斯雷利和格拉斯顿时代"，他们交替担任英国首相，主导了英国政治的发展。两人凭借自己鲜明的政治主张和个人魅力，不仅获得了选民的好感和支持，也使保守党和自由党真正成为各具特色的现代政党。

迪斯雷利出生于犹太家庭，完全凭借个人能力成为保守党首相。他的党内同行不喜欢他，可是他才华横溢，他的议会发言能为保守党获得利益，保守党需要这样的天才，只能让他去出任党的领袖。

迪斯雷利

在两人执政期间，中产阶级成为国家主要领导者，贵族阶层的领导地位被取代了。此后，一个人在英国能不能成为政府的首相或大臣，不是靠其出身，而是看有没有真本事。维多利亚女王比较喜欢迪斯雷利，因为他善于言辞，会说好话。格拉斯顿却得不到女王青睐，因为他非常严肃，总是以说教方式跟女王说话。尽管如此，女王没有权力阻止格拉斯顿出任政党领袖，也不能阻止他四次担任首相。一个贵族太太曾这样形容两位领袖的个人特点："如果迪斯雷利坐在我旁边，我感觉我是一个女人，如果格拉斯顿坐在我旁边的话，我发现我旁边坐着个男人。"意思是，迪斯雷利会说好听的话，所以让这个贵族太太感觉到自己作为一个女人的存在感。格拉斯顿是个"直男"，跟他接触有一种被居高临下的感觉。

格拉斯顿出生于大商人家庭，从小就学于伊顿公学，这也是很多贵族子弟就读的学校，后来进入了牛津大学的神学院。格拉斯顿个人精力非常充沛，能力和品格超高，被迪斯雷利称为没有任何小缺点的一个人。

格拉斯顿

因为两人的杰出能力，在选举投票的时候，英国选民往往根据自己对两人的好恶进行取舍，保守党和自由党的博弈变成了两个党领袖之间的个人竞争，两个人在选民当中的支持率决定了党派沉浮。保守党和自由党都建立了全国性的政党组织，各党的议员候选人由党的总部指派或基层组织选派。1868年大选后，保守党政府立即辞职下台，格拉斯顿很快组建起自由党政府，英国两党轮流执政的制度确定下来。该事件是英国现代政党制度形成的标志。正是在他们两人长达几十年的竞争过程当中，两党对峙、轮流执政的政治格局最终形成了。

在17世纪光荣革命之后，英国政党制度出现了萌芽。18世纪之后，英国政党意识开始加强。到了19世纪中期，英国现代政党制度基本确定下来。19世纪后期特别是进入20世纪以后，政党成为议会中的"骨中骨，肉中肉"，执政党领袖即首相成为重大问题的拍板人。

英国的政党制度是英国现代国家的一个标志。下一章我们的关注点转向英帝国,正是英帝国的支撑保证了英国的强大,当然英国两党在帝国问题上也有分歧。

第九章
"谁拥有了黄金,谁就可以进天堂"
——重商主义下的海外扩张

上一章我们介绍了英国政党政治的起源和发展。任何一个执政党,管理好经济才能管理好国家,英国的经济发展与海外殖民地的发展直接相关。英国殖民地的发展可以分为第一帝国和第二帝国两个阶段。这一章我们讲第一帝国。

从1688年光荣革命到1763年英法七年战争结束,英国建立了以北美13个永久殖民地为中心的第一帝国。在当时的欧洲,西班牙、英国、法国等国家已经建立了民族国家,重商主义成为这些民族国家的一个基本国策。简单地说,重商主义认为一个国家的强大取决于国家的金银储量,金银的储备量越多,国家就越强大。

实行重商主义可以分为三种方式。第一种是杀鸡取卵的方式。西班牙到南美抢夺金银,迅速发展为世界性强国,但抢完也就没有了，很难保证国家的可持续发展。第二种方式是通过贸易获得国家财富的增长。17世纪的荷兰是"世界马车夫"，它把一个地方的商品贩运到另外一个地方，通过中间倒差价，获得利润。按照现在的话说，荷兰是第一个世界性"倒爷"，也正是在"倒卖"过程中，它成长为一个世界性的强国。第三种方式以英国为代表，通过多生产，保证多卖。多卖少买，国家财富就不断增多起来。不同国家采取了不同的重商主义政策，但目标都是通过以重商主义为核心的贸易政策，让国家的财富增多，形成对世界的控制权。

殖民帝国使英国拥有了广阔的原材料和商品销售市场。商品市场极大地刺激着英国的生产，让英国不断生产出大量制成品，卖给广大的殖民地，生产多少，市场就接受多少，直接倒逼英国发展经济，改进技术。通过一系列的技术发明和革新，更好更快更多地制造工业制成品，卖给殖民地市场，为英国获得更高的利润，而英国政治社会环境又鼓励经济发展，这就引发了工业革命。可以说，英国不是最早实施重商主义的国家，但却是最早从重商主义转向工业主义的国家。

海外扩张是重商主义政策的一个结果。但在殖民扩张的早期，英国政府对于殖民地并没有一个明确政策。早期海外殖民扩张的主要特征是个人和民间的，英国政府没有设立专门的管理机构。英国历史学家指出：英国人为建立第一批美洲殖民地，在生命和金钱方面都付出了昂贵的代价，但是英国政府却没有付出什么代价。英帝国根本不是政府精心策划的结果，它先是由民间的私人海外拓展开始，后来英国政府发现殖民地有巨大好处，才逐步接管过来，加之各种管理政策，逐步形成了第一帝国和第二帝国。

到了17世纪中叶前后，欧洲各国间的殖民地竞争不断加剧，英国政府的殖民政策开始发生变化。克伦威尔统治时期，他重振了伊丽莎白时代的海上扩张精神，用国家的力量树立英国的海洋霸权，英国殖民政策变得更加积极、更加强硬，并对爱尔兰进行了征服。说到爱尔兰，早在1155年，英格兰籍的教皇艾德里安四

北爱尔兰

北爱尔兰有"绿王国"之称，绿色草原和青山绿水勾勒出北爱尔兰以绿色为主的自然景观。它西部、南部与爱尔兰接界，北濒大西洋，东南临爱尔兰海。面积1.4万平方千米，人口约170万。其境内的内伊湖是英国最大的湖。

世曾把爱尔兰赠给英王亨利二世,这份文件后来被认为无效,但爱尔兰的命运就此与英格兰相连。1541年,英王亨利八世成为爱尔兰国王。詹姆士一世时期加大对爱尔兰的殖民,奠定了日后北爱尔兰新教徒人口的基础。英国内战时期,爱尔兰伺机脱离英国殖民统治,但克伦威尔后来举兵征服了爱尔兰,又留下了一批英国人。英国人奉行新教,爱尔兰人信仰天主教,这为后来的"北爱尔兰"问题埋下了历史隐患。1801年,爱尔兰并入英国。1921年,爱尔兰独立,但北爱尔兰至今还是英国的一部分。英国脱离欧盟之后,北爱尔兰是英国与欧盟国家陆地接壤的地方。

在克伦威尔的共和国时期,海外殖民事务由新成立的国务会议全权负责。该机构强化对爱尔兰、泽西岛等殖民地的控制,让它们尽快归顺英国,并加强了对美洲地区殖民地的监管,以给共和国带来更大的经济利益。在克伦威尔执政时期,英国初步具备了构建大英帝国的意识,开始依照帝国的原则重新界定宗主国和殖民地之间的关系。

早期殖民扩张的核心是重商主义。不管是开拓殖民地,还是严格控制殖民地,根本目的就是钱。在1650—1652年期间,英国颁布了三个《航海条例》,主要目标是当时的"海上马车夫"荷兰。条例规定英国货物或者英国殖民地货物的运输,只能用英国的船只,不可以用荷兰的船只。为了争夺海上霸权,实现帝国扩张,1652—1784年期间,英国与荷兰发生了四次海战,直到1784年,英国才彻底击败荷兰海军,获得了最后胜利,为全面争夺海洋霸权，建立世界贸易帝国打下了坚实基础。需要指出的是，在1688年光荣革命后，荷兰的威廉成为英国国王，英国与荷兰成为盟友已近100年，但是英国在争夺海上霸权和维护经贸利益上绝不含糊，见证了一句英国格言——没有永恒的朋友，仅有永恒的利益。

在斯图亚特王朝复辟后，英国开拓殖民地的重点回到了美洲。

北美13个殖民地

英国于1607年至1733年在北美洲大西洋沿岸建立了13个殖民地，分别是新罕布什尔、马萨诸塞、罗得岛、康涅狄格、纽约、宾夕法尼亚、新泽西、特拉华、马里兰、弗吉尼亚、南卡罗来纳、北卡罗来纳、佐治亚。1776年，13个殖民地宣布独立，建立美利坚合众国。

英国在北美拥有 13 个永久殖民地，其中 7 个是在斯图亚特王朝复辟时期建立起来的。这个时期，殖民扩张的主导者是殖民地业主，他们主要由三类人组成：一是商人和船主，他们到新地区从事贸易和开发；二是朝臣和贵族，他们希望通过殖民地弥补内战给个人和家族带来的损失；三是宗教分离主义者，他们希望为同一教派的教友建立庇护所。

在复辟时期，英国也加快了对亚洲、非洲地区的渗透和商业扩张，尤其是印度地区。东印度公司开始是一个私人商业公司，只能进行商业范围内的活动。到了这个时期，英国政府赋予东印度公司更多的政治权利，它逐步成为一个经商、侵略和统治三位一体的实体集团，再也不是简单意义上的私人公司了。到 17 世纪末，英国在印度建立了四个据点：加尔各答、马德拉斯、苏拉特和孟买。与此同时，为了推动英国在非洲的黑奴贸易，也就是我们前面讲过的三角贸易，英国政府支持成立了皇家对非贸易冒险家公司，王室成员也在公司中投股，伊丽莎白一世也在德雷克的海外贸易投资中赚了很多钱。17 世纪后期，英国在海外建立了 17 个商业据点，成为奴隶贸易的垄断者。

在重商主义影响下，人人想着赚钱，谁拥有了黄金，谁就可以进天堂。不管是美洲殖民，东印度公司扩张，还是非洲奴隶贸易的兴起，都体现出英国的重商主义政策。在 17 世纪中后期，英国殖民政策进行了全面调整，最终目标是构建以英国为中心、殖民与贸易为一体的重商主义帝国体系。

伊丽莎白一世与德雷克

德雷克是世界历史上第一个亲自完成环球航行的探险家,他是英国私掠船长,也是英国击败西班牙舰队的功臣。图为伊丽莎白一世亲自登上德雷克的海轮,为其颁发爵士勋章。

复辟时期,查理二世和詹姆士二世恢复了专制统治,这种专制统治也扩大到英国对海外殖民地的统治上。专断的殖民统治违背了英国人的自由传统,也破坏了殖民地自主管理的基本制度。在 1688 年光荣革命之后,英国各地的殖民地立即爆发了一连串的革命,推翻了复辟时期的统治者,自发地将光荣革命发展成为一种"跨洋现象"。英国殖民地人民认为，他们是英国的一部分，他们应该分享英国光荣革命的成果，享受光荣革命争取到的权利。不过，英国议会并不认为殖民地居民与英国本土居民具有同等的权利，但在殖民地的压力下，英国调整了殖民政策，给予殖民地居民以更大限度的政治权利。

有人讲，美国只有200多年的历史，却成为了世界第一。从殖民统治角度来看，这种说法是有问题的。因为在美国独立之前，北美是英国的殖民地。光荣革命之后，英国成为当时世界最民主最自由的国家。作为英国殖民地的北美和母国英国一样，进入了一个相对自由民主的发展空间，克服了专制主义的独裁统治。在独立战争爆发，建立民族国家以后，美国的工业化更加快速地向前发展。美国的块头大，很快就超越英国，成为世界第一。所以，美国的发展要上溯到英国历史中。

英国在光荣革命之后，允许殖民地建立"代议机构"，体现了一种英国式的妥协。正是这种英国式的殖民统治方式，保证了英国在殖民地的有效统治。在17世纪结束的时候，英国建立了以美洲为主的庞大殖民帝国，第一帝国初步成型，基本形成了英国特色的殖民统治体制。复辟时期英国在北美沿岸建立的殖民地，加上18世纪建立的佐治亚殖民地，连同在西印度群岛的殖民地，共同构成了大英"第一帝国"的主体。

英国遵循重商主义管理殖民地，英国建立和发展殖民地是为英国本土的经济服务的，因此对殖民地的管理倾向于经济贸易政策，对殖民地的政治控制相对薄弱。第一帝国主要不是依赖军队，而是一个靠船队支撑的海外贸易和殖民帝国。在威廉三世时期，英国成立了管理殖民地事务的贸易会，其任务是发展海外贸易，服务英国本土经济。贸易会的成立标志着英国对殖民地管理走上了规范化的道路。

由于英国过于重视殖民地的经济价值，所以在早期忽视了对殖民地的政治管理。对于北美殖民地的政治性倾向，或者说自治倾向，英国开始是抱着睁一只眼闭一只眼的态度，有关管理政策相当不规范。这种政治控制的松散性，给殖民地当局留下了很大的政治自治空间。早期，美洲殖民地需要在强大母国的庇护下发展自己的力量，否则就可能被其他国家占领，所以对英国保持了尊重的态度。北美殖民地逐步强大之后，对英国的庇护需求减少，越来越需要自己当家作主了。这就像家庭里的小孩子长大了，他要分出去住，要自己决定自己的一切，父母的话可以听，但不见得一定要服从。但是，英国还是要求北美殖民地人民像过去一样听从指令，按照母国的意志行事。于是，双方的矛盾越来越大，最终爆发了美国独立战争。美国独立标志着"大英第一帝国"的瓦解，英国殖民活动遭遇严重挫折。

重经济而轻政治使英国失去了美洲殖民地。第一帝国的瓦解，可谓是成也萧何，败也萧何。下一章我们接着讲第二帝国，也就是所谓的"日不落帝国"。

第十章
"日不落帝国":大不列颠之日的再次升起

美国独立以后,英国失掉了以北美13个殖民地为中心的第一帝国,它的殖民地主要保留了加拿大和印度两块。但是,第一帝国失去的北美殖民地更多影响的是政治方面,英国与独立后的美国依然保持经济往来。即便如此,英国人还是哀叹道:"政府同意美洲独立之日,便是大不列颠之太阳陨落之时,我们将不再是个大国和受尊敬的民族了。"然而,仅仅几十年后,一个更庞大的第二帝国——"日不落帝国"又开始形成,英国建立起"不列颠治下的和平",可与"罗马治下的和平"相提并论。而且,第二帝国的指导思想、帝国政策和帝国中心都发生了很大变化。

根据重商主义理论,国家财富通过贸易顺差累积,政府扩大出口,限制进口,形成差额,增加金银输入量。为了达到这个目的,国家通过征收高关税手段保护国内市场,利用殖民地充当原料产地和商品市场,并垄断殖民地的贸易。然而此时,英国的主

19 世纪末的英帝国版图

流经济思想出现了变化。

1776 年,亚当·斯密出版《国富论》,开创了古典自由主义。斯密主张自由贸易,这与重商主义强调国家干预贸易截然不同。他认为,母国对于殖民地的贸易垄断。不仅对殖民地的发展不利,对母国自身也不利,应该开放殖民地的对外贸易,最终实现贸易自由。李嘉图也极力推崇自由贸易政策,认为如果实行进出口自由,随之而来的必然是繁荣和幸福。

斯密与李嘉图提出的"自由贸易"理论,反映出工业化初期新兴的工商业阶层要求废除殖民地贸易垄断的强烈愿望,该理论

亚当·斯密塑像

> 无形帝国:"贸易优先于统治"是新帝国的总原则,英国对殖民地无须形成实际占有,而是一种无形占有,即保证殖民地的市场对自己开放,实现全球商贸利益,避免英国承担更多的责任。

严重动摇了重商主义的根基,并影响着英国人的新帝国观——"无形帝国"的形成。

"无形帝国"鼓励殖民地承担防卫责任,提倡殖民地"自我成长",从而减轻帝国政府的负担。在殖民地内政方面,让殖民地人参与管理殖民地事务。加拿大、澳大利亚和新西兰等地区相继建立责任制政府,实行内部自治。对于白人占人口少数的南非开普殖民地,英国保留了很大的控制权,只给它部分自治权利。白人移民在取得自治权利后，对英帝国的认同程度反而提高了，对英国的依恋感也提升了。

正因如此，在拿破仑战败后，英国将战争期间占领的法国部分殖民地归还了法国，但对那些具有重要战略意义的殖民地，即作为原料产地与产品销售市场的殖民地，英国寸土不让。需要指出的是，自由贸易理论和"无形帝国"政策都是有前提的，它们必须基于英国自由资本主义强大的经济实力。只有拥有了远超其他国家的强大生产力，英国才可能源源不断地生产出价廉物美的商品，在自由贸易中占据绝对的优势。当然，在自由贸易遭遇抵抗的时候，英国就会采取炮舰政策等各种手段，强迫落后的国家或地区向英国打开贸易大门，鸦片战争就是最好的例证。

帕麦斯顿（又译巴麦尊），第二帝国时期最著名的帝国主义者。在他主导下，英国发动了两次鸦片战争，打开了中国大门。到19世纪60年代，英国操纵了中国全部进口的大约4/5和出口的3/5，为英国在远东地区争夺势力范围奠定了基础。帕麦斯顿两次担任英国首相（1855—1858，1859—1865），三次担任外交大臣（1830—1834，1835—1841，1846—1851）。他的"没有永恒的朋友，仅有永恒的利益"这句话成为英国外交的座右铭。

帕麦斯顿子爵

对于落后国家或地区，英国如果用外交手段就可以使其接受"自由贸易"政策，就不会使用武力，也不谋求政治控制权。但是，绝大多数国家由于担心国内工业遭受沉重打击，往往不会轻易就范，这个时候，英国就会炫耀武力，逼其就范。如果有国家抵抗，就用武力将其打败，迫使对方接受英国的条件。这一时期，英国提出的条件主要不是抢占海外领土，而是开放通商口岸，允许英国商品自由进入，获得廉价的工业原料。

到19世纪末，随着欧洲国家纷纷完成工业化，英国面临日益加大的竞争压力，"无形帝国"让位于"有形帝国"。欧洲各国为了保护民族工业，相继实行保护关税政策，针对英国的"自由贸易"设立层层壁垒。在这种情况下，如果能在更大的不列颠内部进行贸易，就可以抵消关税壁垒对英国造成的不利影响。"大不列颠"越大越好，在19世纪末，英帝国完成了历史上最大规模的扩张，埃及、苏丹、南非等地区都被纳入"日不落帝国"的版图。

1865年，英国经济学家杰文斯曾说："北美和俄国的平原是我们的玉米地；加拿大和波罗的海是我们的林区；澳大利亚有我们的牧羊场；秘鲁送来白银，南非和澳大利亚的黄金流向伦敦；印度人和中国人为我们种植茶叶，我们的咖啡、甘蔗和香料种植园遍布东印度群岛。我们的棉花长期以来栽培在美国南部，而现已扩展到地球每个温暖地区。"无形帝国与有形帝国交织，"日不落帝国"的强盛可见一斑。

印度是第二帝国的中心，被誉为"英帝国王冠上最珍贵的宝

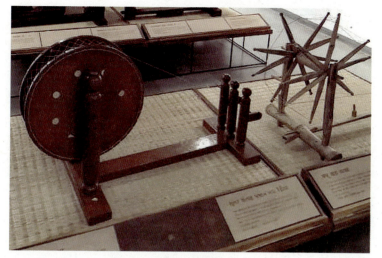

印度手工纺线机

在印度独立运动中,圣雄甘地发起了反抗英国殖民统治的"手纺车运动"。英国人把印度棉花运到英国,织成布匹后以高价返销印度。手纺车运动号召印度人自己纺线、织布,抵制英国进口棉布。甘地说,手工纺线机器的轰鸣声,就是英国殖民主义垮台的钟声。

石"。印度的重要性如同印度总督寇松所言:"只要我们统治印度,我们就是世界上最强大的国家;可一旦丢掉了印度,我们的地位将一落千丈,只能降格为一个三流国家。"

印度对于英帝国的价值主要有两方面:第一,商业与贸易方面的重要性。印度幅员辽阔,资源丰富,人口众多,是英国绝佳的原料产地与工业品销售市场。印度的农民被迫去种植英帝国所需要的工业原料,比如棉花、蔗糖和鸦片都是面向英国生产的。

印度又是英国工业品的销售市场。殖民地特有的经济——"依附型经济"较早就在印度形成了。第二，军事上的重要性。英国人在印度训练了20多万军队，士兵全是印度人，由英国人指挥，它被用来征服印度的土邦王公，也用来征服邻近的国家或地区。英国占据香港的初期，动用的很多军警也是印度人。

由于印度的文化、历史和宗教等原因，印度可能是最不适合走"西方式"现代化道路的国家，可在发展中国家中，印度却是最早走向现代化道路的国家，就是因为它曾是英国的殖民地。英帝国瓦解了殖民地国家的民族经济，将这些经济基础薄弱的殖民地强行纳入了资本主义世界体系。这些国家后来的发展往往都不

伦敦大本钟

顺利，英国却从中获得了最大利益，原料产地和销售市场有了根本保证，促进了英国的工业化的进程。

英国的"日不落帝国"是一个真正意义上的世界级的帝国，第二帝国跨越全球，开拓的疆域之大，统治的人口之多，维持的时间之长，是人类历史上从未有过的。19世纪，英国首相帕麦斯顿曾说：在罗马帝国时期，任何一个罗马人走到世界各地，他只要说"我是罗马人"，就可以得到尊重和保护。今天大英帝国的人只要说"我是英国人"，他在世界各地就会得到其他人的尊重和保护。

"日不落帝国"的强大与发展离不开英国本土的发展和强大，英国的海外霸权与工业霸权共同将英国推向了世界顶峰。下一章，我们讲英国工业革命。

第十一章
英国为何在世界顶峰停留 100 年

19 世纪中叶,英帝国进入顶峰时期。与此同时,历时 100 年的英国工业革命基本完成。英国是第一个开启工业化进程的国家,正是凭借工业革命之后形成的强大力量,英国成为世界霸主。工业化是一种强力,它迫使其他国家也纷纷走向工业化道路,由此人类迎来一个崭新的近现代世界。所以,英国的工业革命不仅对于英国极其重要,对于整个世界而言也非常重要。

但在工业革命发生的时候,英国人并不了解自己已经步入工业化的进程,工业革命在英国是悄然发生的。而且,在工业革命之前,英国首先爆发了农业革命。

一说起工业革命,人们想到的往往是生产率的增长,物质财富的增加,而广义上的"工业革命"这个词,至少具有三个方面的含义。

第一,技术变革及其在生产中的应用。科学技术是第一生产

播种机示意图

1701年，英国农学家杰思罗·图尔（Jethro Tull）发明了播种机，这是第一台带有活动部件的农业机器。播种机包括一个储放种子的V形器、一个移送种子的圆柱体和一个播撒种子的漏斗。前面的犁翻出一垄，后面的耙子再用土壤覆盖种子。最初它只能一次播种一垄，后来改为有轮子和用马拉，一次播种三垄。

力，对这一点，我们容易理解。第二，工厂制及其带来的经济结构变化。商品销售和交换刺激了交通运输业的发展，也加快了银行、股票等行业的普及。第三，经济发展引发了整个社会的变革。工业革命带来了人们生活方式、思维方式、管理方式、社会布局的变化。一个在城市生活的人，和一个在偏僻乡村的人，他们的思维方式和生活方式是不一样的。工业化促使农业社会向工业社会转型，整个社会按照工业社会的需求进行全方位的改造和重组。

以上三个方面合在一起才是工业革命。

从某种意义上讲，现代文明和现代社会来自于英国工业革命。英国工业革命从纺织业开始，纺织业与农业社会的关系最紧密，很多国家的工业革命是从纺织业开始的。在 18 世纪，英国先后发明了飞梭、多锭纺纱机、水力纺纱机等等，大大提高了生产效率，比如自动织布机的织布速度提高了 40 倍。蒸汽机带来的革命性变化更是超出了想象。詹姆斯·瓦特改良发明了蒸汽机，利用热能为机械供给推动力，克服了水力机械的局限性。蒸汽机的利用彻底解放了人力，结束了人类社会对于畜力、风力和水力的依赖，它是英国进入工业化时代的标志，也是人类历史上一次划时代的革命。正是凭借对于蒸汽技术的长期垄断，英国的商品才能占领国际市场，英国成为"世界工厂"。

蒸汽机在纺织行业获得巨大成功以后，煤炭业、冶金业、铁路等等行业也纷纷引入蒸汽机。煤炭和钢铁是工业化的主要标志，以煤炭产业为例，由于技术变革的推动，到 1800 年，一个人口和土地都有限的英国，所生产的煤和铁比世界上其他所有地区的生产总和还要多，这是一种何等惊人的现象。在煤炭与钢铁产业的基础上，机器制造业兴起，各行各业全面推行机械化生产。从此，用机器生产机器，再用这些机器去生产其他产品，就成为人类生产的主要形式了。工业革命的早期，首先解决了人力不足的问题。人类发展到今天，我们还要用机器来代替人脑，补充我们脑力的不足。

爱丁堡博物馆内的瓦特塑像

瓦特蒸汽机拉开了工业革命的序幕，改变了生产方式，推动了技术进步。工厂的选址不必再依赖于煤矿，也不必依赖于水能，可以建立在更经济更有效的地方，促进了规模化经济的发展，大大提高了生产率，也使得商业投资更有效率。

英国有了蒸汽机，有了钢铁、煤炭行业做支撑，铁路很快成为19世纪重点发展的一个新兴领域。世界上第一条铁路是英国的利物浦和曼彻斯特之间的路线，列车最高时速30英里。现代高铁速度快得多，可是在19世纪的世界，交通工具的速度能够达到30英里，是一个难以想象的速度。铁路很快取代了公路和水路，

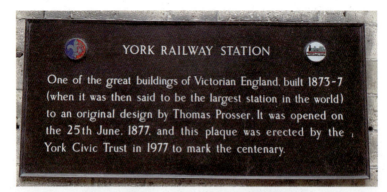

约克火车站 1877 年投入营运,是当时世界上最大的火车站

成为英国最主要的交通运输工具。在山峦起伏、河湖密布的英国大地上,一条条铁路连接在城市之间,纵横交错的铁路网修筑起来了。

英国约克有一个英国国家铁路博物馆,在 19 世纪中叶的时

伦敦早期地铁图

1863年1月10日,世界第一条地铁线在伦敦投入运营,以解决伦敦拥挤不堪的城市交通状况。这条大都会线(Metropolitan Line)连接帕丁顿和法林顿,有蒸汽火车头、木制车厢,没有顶棚,乘客肩膀以上的部分暴露在外。伦敦现有12条地铁线在6个区里纵横交错,其中11条穿过市中心一区。

候,约克是当时世界上最大的铁路中枢城市。博物馆里记录了这样一个故事:一对年轻夫妇吵了架,丈夫一气之下,坐火车回自己父母家去了。丈夫走了以后,妻子想想自己也有不对的地方,要去她的公公婆婆家,把丈夫请回来。可是当她准备乘火车走的时候,在火车站见到了自己的丈夫,原来她的丈夫又乘火车回来了,两人在站台上重归于好。这个故事告诉我们,在当时的英国,火车缩短了时空,人们的生活节奏加快,生活方式也改变了。

　　工场制是工厂制的先导,它在作坊制的基础上改造而来。比方说,你做一双鞋子,过去由一个人负责所有的工序,从做鞋底到做鞋面,再把鞋底和鞋面缝制在一起,都是一个人完成。在工场制中,做鞋底的是一些人,做鞋帮的是另外一些人,还有一些人把鞋底和鞋帮缝制起来。虽然只是工序分工发生了变化,但速度提高了若干倍。工厂制则又在此基础上应用机器生产,工人围绕机器进行分工,更大地提高了劳动生产率,产品的质量和产量也有了更大提高。在工厂的新空间里,不像一个人在家里工作,而是一种群体工作,工作节奏发生了改变,工人要遵守工厂的各项制度,按照固定时间上下班。人们的生活方式也就慢慢改变了。

一节车厢的乡村小火车还在营运中

经过一百年的工业革命历程，英国在伦敦举办了首届世界博览会，集中体现了英国在工业革命中取得的辉煌成果。博览会的中心是一座水晶宫，这是一个由玻璃和金属建成的巨型建筑，陈列着1.4万家厂商提供的展品，其中英国厂商占了一半。大厅中间有一座玻璃喷泉，入口处放置着一块重达24吨的巨大煤块，使人一进门就感受到了大工业的巨大威力。在英国的展品中，包括自动纺织机，引人注目的蒸汽机，700马力的海船引擎，重达31吨的火车头，1144吨的水压机，起重机、压力机、汽锤、机床，隧道、桥梁、汽船的模型。此外，还有品种繁多的消费品，如火柴、钢笔、信封。你不要小看火柴，我们以前把火柴称为"洋火"，意思是从国外进口的。另外还有世界上首张面值为半便士的邮票，

1851年英国伦敦第一届世界博览会盛况

邮票也是工业时代的产物。

伦敦世界博览会举办的时间是1851年,第一次鸦片战争于1840年爆发,战争以中国失败并赔款割地告终,签订了中国历史上第一个不平等条约《南京条约》,中国由此开始沦为半殖民地半封建社会,香港岛就是这个时候割让给英国的。一个是现代工业国家,另一个是传统农业国家,两国军事较量的结果必然如此。英国是中国打开国门面对的第一个西方国家,它迫使中国告别中世纪,走向工业化。

提到英国世博会,我们会想到2010年在上海举行的世界博览会。在这个博览会上,中国的场馆是最大的,很多人在中国馆前排队几个小时,就是为了进去看看中国改革开放取得的巨大成就。那么,我们同样可以想象在伦敦的第一次世界博览会上,英国上至女王,下至百姓,纷纷赴伦敦参观规模空前的博览会的情景。英国人无不为自己国家的强盛而欢欣鼓舞,就像我们参观上海世博会一样。维多利亚女王在博览会开幕式当天表达了自己的心情:"5月1日是我们历史上最伟大的日子,(我们看到了)有史以来最美丽、最庄严、最激动人心的景观……这是我一生中最幸福、最自豪的一天。"英国通过博览会向全世界证明——英国是世界第一。

工业革命带来了英国物质财富的空前增长。过去只为贵族阶层特有的奢侈品,比如棉织品、毛织品、铁制壁炉等现也进入了寻常百姓家。工业革命带来经济结构的根本变化。到了19世纪50

1868年12月9日,世界第一座交通信号灯竖立于伦敦的布里奇街。

年代，工业在国民生产总值中所占比重超过了50%，英国成为世界上唯一的工业化国家。工业革命还带来了英国发展理念的变化。自由贸易成为英国的基本国策、基本信条。英国取消了东印度公司对印度的贸易垄断权，废除了谷物法，废除了航海条例。自由贸易将英国的产品源源不断地推向全世界，英国在这个过程中成为了世界工厂。

技术变革是工业革命的最大推动力，没有技术变革，工业革命不可能发生。英国在18世纪形成了一股鼓励人们创造发明的社会风气，形成了一种当时世界上最自由、最民主、最宽松的社会环境。任何一个人只要想做，愿意发挥自己的潜能才干，社会就允许他去闯。英国鼓励发明创造，发明创造的成果直接用于生产，科学技术与社会生产的结合触发了生产力与生产关系的大变革。

工业革命犹如一阵飓风，迅速席卷英国，带动了整个世界。蒸汽机的发明，工厂制的兴起，铁路时代的来临，彻底改变了英国，也改变了世界。在工业革命的基础上，英国一跃成为世界第一，并且建立起最庞大的世界帝国。

英国迈向世界霸主的历程也不是一帆风顺的，它遭到了内部和外部的各种压力，外部最大的压力来自于欧洲大陆强国法国。下一章，我们讲英国是如何抗击法国的。

第十二章
"没有永恒的朋友,仅有永恒的利益":英国抗击法国

英国通过工业革命实力大增,但要坐上世界第一把交椅,必须消除法国这个海峡对岸最强大的竞争对手的威胁。北美殖民地独立后,无论在北美大陆、西印度群岛,还是在印度,法国殖民势力都呈日趋增长之势,对英国形成全方位的威胁。为重振旗鼓、复兴帝国,保持欧洲均势,打败法兰西成了英国人面临的首要任务。在法国大革命以后,特别是拿破仑时期,法国对英国的威胁越来越大,英国本土安全也遭受威胁。只有打败这个最大的竞争对手,英国才可能登上世界霸主的地位。英国通过20多年的反法战争,最终打败了法国,消除最大的竞争者和威胁。这一章我们讲这个问题。

在拿破仑统治法国以后,法国的势力在欧洲大陆迅速扩张,成为欧洲大陆的真正霸主。这对长期坚守欧洲均势主义战略的英

拿破仑

国来讲，是无法忍受的。尤其是当法国军队的势力影响到尼德兰地区，就是今天的荷兰、比利时的时候——英国一直将这一地区视为自己的门户——英国更是寝食难安。海峡间的距离不长，任何欧洲强国控制了低地地区，英国就会有本土可能遭受侵犯的不安全感。于是，英国开始拉拢和团结欧洲其他国家结成反法同盟，矛头直对法国。

英国要打法国，不是因为法国是近邻，或者两国是世仇。英国在对待欧洲战略问题上始终奉行"均势"战略，不允许在欧洲出现任何一个超强国家。任何一个超强国家的出现，意味着对英国本土安全的威胁，也是对英国海外殖民贸易的威胁。英国团结其他国家打击法国，就是因为法国在这个时候成为欧洲大陆的第一强国。后来当法国衰落，德国变成欧洲第一强国的时候，英国同样采取类似的手段团结其他国家，打击德国。英国还一直担心俄国成为欧洲大陆的霸主，也始终团结其他力量遏制俄国。

英国积极组织和参加反法战争，也有政治方面的因素。法国大革命采取的极端措施与英国的保守主义文化是格格不入的，在法国大革命后，英国政治精英更是全面趋向保守，保守主义集大成者埃德蒙·柏克出版了《法国革命论》，根本否定了法国大革命。但是，因为反对法国大革命而与法国兵戎相见，不符合英国外交思想，根本原因还是拿破仑对外扩张严重地威胁了欧洲均势。随着拿破仑帝国在欧洲的无限膨胀，越来越多的欧洲国家被拿破仑占领，它们的国内市场也就对英国关上了大门。英国产品大量堆积卖不出去，英国工人因此失业大增，英国金融出现衰退迹象。不消灭拿破仑的威胁，特别是法国的海上力量，英国的经济发展难以为继。帕麦斯顿说过："英国将这个国家或那个国家当成永恒盟友或永久敌人，是一种狭隘的政策。我们没有永恒的盟友，我们没有永久的敌人，我们的利益是永恒的与永久的，我们的责任就是遵循这些利益。"因此，英国反对法国，主要动机不是政治理念，而是商业和经济利益。

在1793年到1815年期间，欧洲各国间结成七次反法同盟，发生了多场重要战役。我们重点讲两场具有决定意义的战役：第一场战役英国消灭了法国海军精锐舰队，拿破仑被迫放弃进攻英国本土的计划，英国的本土安全得到保护，海上霸主的地位得以巩固。第二场战役彻底打败拿破仑,英国消除了法国在海外殖民地方面的威胁。

第一场战役是1805年的特拉法加大海战,这场大海战是英国舰队与法国和西班牙联合舰队的决战。在当时的欧洲,海军最强大的国家,除了英国之外,就是法国和西班牙。这场战争直接决定着英国和英帝国的命运,当时英国的海军统帅纳尔逊说:"只有打败拿破仑,英国才能真正强大起来,战争的胜利者必须是欧洲乃至全世界的主人。"在海洋的时代,谁控制了海洋,谁就控制了整个世界。

1805年10月21日上午11时45分,特拉法加海战打响,英国出动33艘战舰,法国和西班牙联军共计41艘战舰,英军总指挥是纳尔逊海军上将。英国军舰分成两个纵队,旗舰"胜利"号

特拉法加大海战

升起了著名的"英国要求舰队全体将士尽忠职守"信号。在血战了两个多小时后,下午2时5分,联合舰队旗舰"布桑托尔"降下帅旗,舰队司令维尔纳夫被俘,纳尔逊亲自指挥的上风纵队结束了战斗。下午3时左右,英国的下风纵队也取得胜利。作为海战的尾声,下午3时30分,法西联合舰队前卫舰队又返回战场,

特拉法加广场

特拉法加广场为纪念特拉法加海战修建,广场标志是南端的纳尔逊纪念柱。柱顶是将军的铜像,柱底四周是四只巨型铜狮,柱基四周是纪念拿破仑战争各次战役的浮雕。广场南端是白厅,通向议会大厦,西南面是海军拱门,背后是通往白金汉宫的仪仗道林荫路,北面是国家美术馆,背后不远即是唐人街。

面对严阵以待的英国舰队,但仅仅20分钟联合舰队的反攻就告失败。当这场海战进行到中途时,纳尔逊将军被法军狙击手击中,在弥留之际听到胜利消息时,他说完"感谢上帝,我终于尽了我的职责"后牺牲。英军458人阵亡,1208人受伤;法西联军共阵亡3243人,受伤2538人;英国战舰无一损失,法西联军战舰1艘被击沉,7艘被俘虏。英国取得了以少胜多的辉煌胜利。

特拉法加海战是世界帆船海战史上的一场著名战役,也是19世纪规模最大的一次海战。这次海战是英国迈向海上霸主地位的最后一役,法国舰队与西班牙舰队被彻底击溃,再也无力与英国争夺海上霸权。在拿破仑战争最后十年中,英国取得了在英吉利海峡、大西洋港口和地中海的制海权。随着海上强国西班牙与法国的没落,英国在制海权上获得了绝对优势,英国成为一个海洋帝国,这个帝国维持达一个世纪以上。纳尔逊将军的非凡胆略和高超指挥艺术,使他成为一代名将而功垂史册,也是英国的民族英雄。在伦敦的特拉法加广场上,纳尔逊将军的纪念柱高高矗立,这是伦敦的一个标志性建筑。英国人要永远记住这位英雄,他指挥获胜的这场海战是英国成为海上霸主的标志。

第二场战役是著名的滑铁卢战役。1815年6月18日,发生了英普联军与法军在布鲁塞尔以南的滑铁卢的决定性会战,英国的威灵顿公爵是联军的总指挥。拿破仑非常敬佩纳尔逊将军,在得知纳尔逊阵亡后让法国战舰张贴纳尔逊的画像,但他一向轻视英国陆军及其指挥官,甚至把威灵顿公爵轻蔑地说成一个印度将

滑铁卢战役中的威灵顿

军。因此,拿破仑深信只需先用炮火轰击,再以一支楔形纵队即可一举摧垮威灵顿的军队。他佯攻英军的右翼,诱导威灵顿分兵救援,然后向中部发起正面强攻。但英军坚守阵地,法军不仅未能诱英军来援,反而消耗掉了自己的大批兵力。

正面强攻开始后,威灵顿的步兵藏伏在山后,躲过了法军炮弹的咆哮。在关键时候,增援英军赶到,但拿破仑还是命令骑兵对英军方阵发起冲锋。英军以营为单位布成方阵死守,密集的炮弹将法国骑兵炸得血肉横飞。在援军不到的情况下,拿破仑孤注一掷,向英军发起最后攻击,将手里仅剩的一点预备队也打光了。

战争结束后,威灵顿公爵作为驻法占领军的总司令,坚决反对签订一个惩罚性和约,拒绝了处决拿破仑和焚烧巴黎的建议,而且还想办法拯救法国的财政，提出三年后撤出驻法占领军。威灵顿的行为体现了英国对待欧洲大陆的军事战略——不是消灭某一个国家，而是实现欧洲均势。在战争结束后，人们在战争原址上堆建了一座山丘，在山丘顶上安放了一头巨狮，它右前爪踩着一只圆球，面朝法国方向，巨狮是用拿破仑军队丢弃的枪炮做成的，其寓意是"威震"拿破仑。滑铁卢古战场位于距离布鲁塞尔南郊十多公里处的小镇，还建有拿破仑纪念馆，里面有威灵顿公爵展厅。威灵顿公爵是英国的陆军元帅，但他还获得了法国、俄国、普鲁士、西班牙、葡萄牙、荷兰六个国家的元帅军衔，是世界历史上唯一获得七国元帅军衔的军人，被称为"世界征服者的征服者"。

滑铁卢战役结束了拿破仑帝国，也是拿破仑的最后一战，反法联军获得了决定性胜利。反法战争结束以后，英国在欧洲和世界就没有任何对手了，势力达到最顶峰。在这场战争之后的一个世纪当中，英国再没有卷入欧洲的战争。

反法战争胜利的重要性主要表现在两个方面：第一，英国通过战争消除了长期以来对英国本土安全的最大威胁。从1066年诺曼征服后，一直到现在，英国本土只有两次遭到外敌入侵的真正威胁。一次就是拿破仑战争期间，法国要入侵英国，英国在战争中获得了胜利。另一次是在第二次世界大战时期，希特勒德国要入侵英国，英国也取得了胜利。拿破仑战争以后，英国实现了欧洲均势，维持了长达100年时间。第二，英国在战争后成为世界

滑铁卢战役旧址(何岚提供图片)

的海上霸主。在反法战争前夕，在欧洲乃至整个世界，能在海上与英国相抗衡的只有法国和西班牙。这场战争中，法国舰队和西班牙舰队的主力被英国彻底击败，世界各国海军力量发生了根本变化。英国海军的总吨位数居世界第一，而且超过了后面三个国家（法国、俄国和西班牙）海军力量的总和。英国海军的总吨位数占全球海军力量的1/3，英国的海军力量正是在反法战争以后达到了最高点。

在反法战争结束后的近一个世纪里，英国在整个世界已经没有敌手。然而，太阳之下也存在阴影。在英国走上世界强国之巅的风光过程中，英国社会内部出现了大量的不平等、不公平现象，这是下一章的讲述内容。

第一个现代社会的形成

第十三章
进步太快导致贫富差距？英国式的社会主义

在反法战争胜利以后，英国的经济实力已经位居世界第一，只是到了1851年伦敦第一次世界博览会上，它的经济实力才充分展现出来，超强经济能力才被世界深刻认识到。然而，社会的贫富差距是早期资本主义国家的一个普遍现象，作为第一个开展工业革命、最先进入资本主义社会的英国也不例外。

最大的经济差距发生在工人阶级和中产阶级之间。中产阶级是工业革命催生的一个社会阶层，之前英国社会只有两层，上层贵族，下层平民。工业革命在两者之间新催生了一个阶层，主要包括发明家、工厂主、矿主、大商人、金融家。中产阶级拥有漂亮的别墅，而工人阶级一家人不分男女老幼挤在一间房里，有的还长期居住在阴暗潮湿的贫民窟中。英国社会于是被分为了两类人群——穷人和富人，他们之间有一条无法连接的鸿沟。为了解决这种不平等的现象，社会主义运动在英国诞生了。英国是欧洲社会主义的主要起源地，社会主义的目标是克服资本主义的弊端，而英国是最老牌的资本主义国家。

这一章我们主要围绕平等与公平问题，来谈一谈英国式社会主义的起源。对该问题的认识，有助于我们理解社会主义的起源，以及对中国特色社会主义的理解。

社会主义的本质要求是人人平等和共同富裕，英国社会主义的最初目标，就是克服英国工业化开始之后产生的严重的不平等现象。你可能会问，在工业化之前，英国也存在贫富差距现象，为什么没有出现像工业化时代的激烈斗争？

在英国的中世纪，庄园经济是主导，人生活在庄园里。庄园主和平民、农奴当然是不平等的，经济上、政治上都不平等。但是，人们认为这种不平等，或者自己的身份高低，是祖传和天生的现象，是世代相传的惯例。而且，这种惯例受到了封建道德、宗教思想、国家法律和乡规民俗的保护，英国民众也觉得这种不平等可以接受。

17世纪以后，英国开始农业技术改革，18—19世纪兴起工业制度，工人阶级和资产阶级随之诞生，两大阶级在各个方面的不平等出现了。工业革命以资产大量集中为前提，没有集中就没有资本去兴建工业社会带来财富的工厂。财富不断集中到资本家、工厂主、大商人手中，但这些人之前大多也是农民，他们与被自己雇佣的工人阶级过去是同一个阶层。可是工业革命之后，同一

中世纪庄园住宅

原生态的橡树森林

阶层的一部分人富了起来，成了资本家；另一部分人失去了土地和手工行业，成为依靠雇佣生活的工人。

在英国工业革命的早期，贫富差距非常悬殊，伦敦的很多工人生活在恶劣的环境中，卫生条件非常差，工厂的劳动强度又高，工作时间又长，这就使大多数人感到心理上的不平衡，而失业为贫苦人增添了更大的无奈，他们对资本主义制度，或者说工业革命后出现的制度产生了严重不满。从农业社会向工业社会的转型，我们说这是人类社会的一大进步。但是，这种进步是以极大的不平等和不公正为代价的。随着英国工业革命的不断发展，英国社会中人和人的差距不断拉大。所以，人们不禁反思，这样的工业化社会是不是有问题？

马克思在英国完成了《资本论》，并奠定了科学社会主义的基础，但由于各种原因，马克思主义没有在英国被充分接受。尽管如此，在英国历史上，人们对一个平等社会的渴望是源远流长的，产生了一批追求理想社会的思想家和实践者，其中包括三位代表人物。

托马斯·莫尔生活在都铎时代，他是近代社会主义的第一个探索者。在其代表作《乌托邦》中，莫尔表达了自己的空想社会主义理想。他认为私有制是一切罪恶和不幸的根源，"每个人在追求自己的利益，努力使自己的财富增加，社会正义被个人贪欲埋没。如不彻底废除私有制，产品不可能公平分配，人类不可能获得幸福"。乌托邦突出了国家的社会性，国民教育、城市规划及卫生健康成为社会责任。受到正在兴起的资本主义手工工场的影响，乌托邦的社会是共同劳动，平均分配。因为都铎时代工业化尚未开始，乌托邦社会保存着自然经济的特点，这种新社会构想缺乏有效的社会力量支撑，没有指出谁去领导实现这样一个新社会，所以被认为是一种完全理想状态的"空想"，脱离了实际。

温斯坦莱也是英国追求理想社会的思想家，他和莫尔的最大区别是多了社会实践的色彩。17世纪的英国，社会下层充满了贫困与不安，新建立的共和国没有满足贫苦农民的土地要求，他们于是开始依靠自己的力量实现土地要求，试图用自己的劳动建立一个新型社会，而温斯坦莱的主张正好符合了他们追求的目标。温斯坦莱主张生产资料公有，但保持生活资料的私有。家庭是生产单位，也是消费单位，但不是独立的经济单位；按需分配，社会中没有买卖，没有货币式的商品流通，实行法律化管理。在这个时期，英国发生了掘地运动，农民挖掘公共荒地占为大家共有，使这个时期的空想社会主义具有了社会实践的色彩。

罗伯特·欧文被称为英国近代空想社会主义"最后一位理论家"，也是工业革命时期著名的社会实践家。莫尔和温斯坦莱的乌托邦社会仍处于前工业社会的状态，因为他们两人都是那个时代的人，而欧文的空想社会主义以工业革命为背景，他的乌托邦带有工业化色彩。1800年，欧文买下一座小镇和一个工厂，开始一次新社会的实践。欧文认为私有制、宗教、婚姻制度是"三位一体的祸害"，私有制是最主要的祸害。他最早提出劳动是创造价值的源泉，工人劳动除了生产自己的生活资料，还生产剩余产品，剩余产品被企业主以利润的形式占有。欧文设想的"劳动公社"实行生产资料公有制，是一种自给自足的生产和消费组织。劳动公社实行民主和平等制度，将教育与生产劳动结合，消除体力劳动与脑力劳动的差别，促进公民的全面发展。欧文开办了学校、劳工食堂、工人消费合作社，建立了工人医疗和养老金制度等。他还试图将"劳动公社"扩展到整个英国和整个世界。但当时的英国处在高度竞争的资本主义时期，欧文改造社会的美好愿望最终成了一种"空想"。

由此可见，空想社会主义者憎恨资本主义的剥削和不平等制度，但是他们不反对工业化，不反对现代经济制度。他们认为只要克服了资本主义的私有制，把生产资料归为集体和国家所有，多数人就将分享工业革命的丰厚果实，理想的社会主义就会来临。需要指出的是，空想社会主义带有空想的成分，但不是幻想，空想社会主义也是马克思主义的一个思想源泉。

英国空想社会主义是英国式社会主义的主要来源。英国式社会主义不是马克思主义，它是一种改良的社会主义，受到英国费边社的影响。费边社是19世纪80年代英国一批激进的知识分子建立的社会主义团体，主张通过迂回渐进的方式，实现社会主义对资本主义的和平替代。费边社是英国工党的一个重要组成部分，工会是工党人员和财力的主要来源，费边社是工党的思想库，工党的1918年党章就出于费边社领袖之手。

英国工党是英国两大政党之一，尽管英国是最老牌的资本主义国家，工党却自称是社会主义党。欧洲国家多有类似英国工党的社会民主党，克服资本主义的不合理制度和不平等问题，曾是这些政党成立之初的承诺，公有制、国有化、福利国家都曾是西欧各国社会民主党的共同目标，但后来它们都丢弃了初衷。

社会主义运动起源于欧洲，初心是为了克服资本主义中不公平、不平等的现象。到了20世纪20年代，随着第一次世界大战爆发，特别是俄国建立了人类历史上第一个社会主义国家，欧洲过去统一的社会主义运动一分为二，形成了西欧国家的社会民主主义或民主社会主义，以及俄国布尔什维克主义和东方国家的社会主义，社会主义运动发生了历史大分流。当然，西欧社会民主党依然把自己看成是社会主义党，英国工党党章至今依然写着工党是民主社会主义党。

英国近代乌托邦思想像一条小溪，伴随着英国历史的发展，它潺潺而流，从莫尔、温斯坦莱到欧文，再到费边社会主义者，不断发生历史嬗变，关注的主题始终是公平和平等。应该说，人们对公平和平等的诉求是与生俱来的，对富裕、平等和正义的追

费边社认为社会主义是社会经济发展的必然趋势，但社会改革必须是民主主义的和平变革，合乎道德，符合宪法。社会主义者的任务是设法把自己的思想渗入各政党和各社会阶层中去。1931年，由牛津大学教授、费边社活动家科尔发起，成立了新费边研究社。1939年该社与费边社合并为新费边社，主要研究殖民地问题和国际问题。

求是人类社会漫长的历史进程。

英国能够平稳地完成工业化之后的现代社会的转型,克服社会大量的不公平和不平等的问题,主要得益于英国议会制度的改革。通过议会的多次改革,英国作为一个国家才发展成熟,并培育出一个相对平等和公平的社会。下一章我们讨论英国的议会改革问题。

第十四章
现代转型的阵痛：民众运动与议会改革

　　从农业社会向工业社会的转型是全方位的变动过程，它迫使传统社会的各个方面都为工业社会进行重组。在这个重组过程中，很多国家发生了社会大动荡，甚至爆发了革命。英国则通过渐进改革方式，完成了现代社会的转型，其中最为重要的是议会改革，为英国所有社会变化奠定了政治基础。

　　议会改革是19世纪英国政治发展的一条主线，也是社会民众运动的主战场，其目标是实现大众民主制度。改革前的英国议会制度被称为"旧制度"，它是英国贵族寡头统治的基础，最大特点是贵族集体掌握国家政权。当时，英国主要的财产形式是土地，土地贵族是英国最强大的社会力量，贵族掌握政权具有某种合理性。"旧制度"的基石是议会选举制度，议会是国家权力的中心，谁控制议会就控制了国家的权力。贵族集团通过控制议会而控制了国家权力，其奥秘就在"旧制度"。

19世纪英国的社会运动具有民众和议会的两重基础,并拥有不同的政治含义。社会运动涉及所有人的利益,但对每一个人并非具有同样的意义。社会运动的共同点是要求对工业革命后出现的种种不合理的问题进行改革。由于解决社会冲突的机制尚在形成之中,因此各种运动经常在社会表层爆发,变成浩大的群众运动,给社会带来裂痕。随着各方面改革措施的深入,大规模的群众抗议行动渐趋平息,诉求的表达开始规范化与体制化。

"旧制度"之"旧"主要体现在三个方面:第一,选区的划分和议席的分配很不合理,存在很多衰败"选邑"(城镇选区)。这些选区在最初划分的时候是合理的,可是经过漫长的工业化的变革,这些地方已经衰败下去了,可依然具有推选议员的资格。这些地方属于贵族领地,贵族由此控制了这些选区的议员。第二,选民资格陈旧不合理,只有不到16%的成年男性具有选举权,所有女性没有选举权;绝大多数人没有投票权,更不必说被选举权了。第三,选举方法的腐败。很多选区候选人的提名权掌握在当地贵族手里,贿选司空见惯。议员有财产资格的限制,但又没有薪水,只有贵族家庭出身的人,或者得到贵族支持,才可能去竞选议员,否则即便当选了也可能没法赴任,因为要工作要挣钱,没有时间长期坐在议会里面开会。

在这样一种"旧制度"下,贵族选出贵族子弟或亲信出任议员,达到贵族控制下院的目的,而贵族自己组成上院,再由上下两院去组成政府。所以,贵族控制着改革前的英国政治,这是一

贵族在选举中贿赂选民

种贵族寡头政治。土地贵族掌握着国家财富的最主要部分,由他们控制国家政权,体现了财产与权力的高度结合。客观地说,这种制度比较适合光荣革命后英国农业社会的状况,当然更符合土地贵族的利益。贵族通过"旧制度"中的不合理方面来控制议会,以保证自己的绝对统治地位。

如前所述,工业化改变了整个英国的社会格局,很多中产阶级的财产已经超过了土地贵族,可是这些大工厂主、大商人、大金融家没有选举权。因为按照过去的选举权规定,他们没有选举资格。一个人有了经济权,就要追求政治权,所以中产阶级要求改变这种政治权力格局,扩大选举权的范畴,使得他们既有钱又有权。而工人阶级也反对旧制度，也是贵族寡头制的反对力量，他们人口最多。工人阶级的改革运动要求普选权，即人人都有选举权。通过普选权选出工人阶级的代表，工人在议会就有自己的代表，为自己说话，保障自己的利益。随着工业化的推进，越来越多的英国人认识到贵族寡头制度是不合理的，他们希望改变光荣革命形成的旧制度，产生了声势浩大的民众运动，最终引发了英国历史上著名的议会改革，消除贵族的控制权是英国议会改革的根本目的。

然而，托利党和辉格党是惧怕民主的，特别是法国大革命爆发后，英国上层对下层民众空前高涨的政治热情非常恐惧，开始压制包括议会改革在内的新主张和新思想。埃德蒙·柏克在《法

1831年罗素勋爵向下院陈述改革法案内容

国革命论》中指出:"英国宪政'不是一天仓促的产物,而是明智地推迟臻于成熟的果实',"英国先辈"从不把它和它的根本原则分离开来,也不把这个国王的法律、宪法和惯例中没有存在根基的丝毫修改引进来"。《法国革命论》的抨击对象是法国革命,目的是捍卫英国"旧制度"。英国保守主义政治家认为,英国议会制度非常好,它虽然有不完善的地方,但现实生活中不存在尽善尽美的东西。如果选民扩大到"自私自利的大众"并实行多数人统治,就必然导致暴力、腐败、混乱、恐怖、信仰丧失、战争和军事独裁。

所以,尽管英国议会改革确实促进了英国的民主发展,但这并不是英国决策者的意图。对于英国统治精英来说,他们是被迫进行改革的,而改革宗旨是保持贵族的统治权力和避免真正的民主。麦考莱等人曾欣喜地认为,1832年的议会改革使英国避免了1848年的革命和剧变。1832年10月25日的《贫民卫报》指出:"提出改革法案的人,不是想推翻,甚至也不是为了改造贵族制度,而是为了从中等阶级那儿获得一支准贵族增援军队以巩固自己的地位。"直到最后,很多政治家才终于明白,政府的合法性来自人民大众的支持。19世纪的英国议会改革走了一条"渐进改革"之路,虽然在第一次议会改革中也曾出现过暴力的可能性,但最终英国贵族通过妥协退让避免了革命爆发。光荣革命之后英国政治和平渐进发展的模式,经过议会改革的洗礼就基本成熟了。换句话说,英国政治上的任何大事,只要通过协商改革就可以实现,而不用担心暴力革命和社会动乱的发生。

当然，19世纪的民众运动中有暴力斗争，卢德运动就是其中震动最大的一次。卢德运动的主体是前工业化的纺织业工匠，我们前面讲过，英国工业化首先从纺织业开始，这个行业的工匠首先遭到工业化的冲击，卢德运动主要反对的就是造成众多有技术的纺织业者失业的自动织机，因为这些织机可以由非技术工人操作，而技术工匠则"下岗"了，原有的"小康"生活被破坏。

卢德运动1811年始于诺丁汉。诺丁汉郡的制袜商使用织袜机生产长筒袜，压低了成本和售价，对使用传统工艺的织袜工匠造成强烈的竞争威胁，由此发生了捣毁织袜机的行动。兰开夏郡的卢德运动反对的是动力织布机，当地手织工受动力织布机的影响，生活水平急剧下降，卢德派袭击工厂，烧毁工厂主的住宅。约克郡是毛纺织业的中心，新剪毛机替代了剪毛工人，夺走了他们的饭碗，卢德派刺杀了工厂主霍斯福尔。卢德运动造成的社会冲突极其激烈，政府派兵进行镇压，数十人被处死，许多人被流放澳大利亚。

卢德运动是手工工人反抗工业化、反对使用机器的斗争，手工工人与工厂主分属前工业化和工业化的两个不同时代，他们的对立难以化解，最终爆发剧烈的冲突。在工业革命中，英国政府执行"自由放任"政策，前工业化的传统劳动者的利益完全不被考虑，这是酿成严重社会冲突的根本原因。拜伦勋爵曾在上院一针见血地指出：悲惨的贫困是卢德运动的原因，运动的参加者曾

卢德运动

是诚实而勤奋的工匠,现在却被迫参加了对自己、对家人和社区都极度危险的团体。卢德运动很快就被英国政府镇压下去了,但农业工人长期是英国社会稳定的力量,现在却采取暴力方式保护自身的生存,这大大震动了英国统治阶级。

当然,群众运动不一定是暴力行动,宪章运动采取的就是和平请愿方式。在1836年到1848年的十年间,英国先后爆发了三次大规模的全国性请愿运动,请愿书的签名人数达到了200万,当时伦敦的人口也是200万。但辉格党政府担心社会大乱之后,女王的安全受到威胁,将维多利亚女王送往怀特岛。政府抓捕了几乎所有全国性的宪章派领袖,新增8万多名军警,甚至把大炮架到伦敦桥上严阵以待。

宪章运动

宪章运动声势浩大,震惊了整个世界。然而,这场运动最终却无声无息地消失了,所提出的普选权等六项目标一项也没有实现。宪章运动的社会基础是前工业化的工匠,并不是工业化后产生的制造业工人。大机器代替了传统意义上的手工工匠,他们这批人最先遭受工业化的冲击。然而随着工业化的发展,手工工人作为一个社会整体渐渐被工业化消灭了。宪章运动的主体力量不存在了,宪章运动也就没有了存在基础,它提出来的主张也就一个都没有实现。不过,宪章运动提出来的各项主张在后来的社会改革中却一项一项实现了。

在工人阶级拉开宪章运动大幕的同时,中产阶级也发动了反《谷物法》运动。工人阶级的抗争是求生存,中产阶级的运动是

> 19世纪英国社会转型时期,英国政府对社会民众运动采取了严厉镇压的方式。英国的民主不是短时间之内完成的,人民诉求也不是一下子全部得到满足的,而是经过了相当漫长的过程,通过和平与渐进的方式逐步得以实现的。

图发展。《谷物法》是在拿破仑战争结束后制定的,因为战争期间拿破仑的封锁政策造成英国无法进口粮食,贵族们纷纷投资开拓土地,保证英国粮食的供给,这在当时算是一种爱国行为。但是,拿破仑对英国的封锁被打破后,粮食大量进入英国,造成英国国内粮价下滑。因此,《谷物法》的目的是保持国内粮食高价,维护地主阶级的利益,但也因此受到工商业资产者的强烈反对,后者要求实行完全彻底的自由贸易,追求"自由放任"。《谷物法》问题凸显了两个阶级的激烈交锋,是工业资产阶级对贵族地主阶级的进攻。1846年,《谷物法》被废除,土地贵族做出让步。此后,英国议会确立自由贸易是英国国策,维多利亚时代的"自由放任"发展到顶峰,英国国力臻于极致,这在很大程度上归功于废除《谷物法》运动。

19世纪英国政治转型的最大特色是议会改革,通过和平渐进的方式完成了政治制度的根本变革。英国19世纪爆发了三次议会改革运动。第一次是1832年议会改革,解决了中产阶级的选举权问题。第二次议会改革发生在1867年,让一部分工人阶级有了选举权。到了1884年和1885年第三次议会改革时,英国所有的男性工人都有了选举权。妇女在第一次世界大战结束后才有了选

英国妇女争取选举权运动

举权。19世纪的议会改革是一场完全意义上的全民社会运动,英国的各个阶层都卷入其中,无论是贵族、中产阶级还是工人阶级,不同的社会力量都为英国议会改革的成功做出了贡献。

　　工业化造成了社会分化,造成了各种利益集团间的剧烈冲突。英国最早发生工业革命,也是最早进行现代社会转型的国家,各种利益诉求不断涌现,整个社会动乱不定。其实,任何一个国家在完成现代转型的过程中都不是一帆风顺的,很多国家在转型过程中爆发了暴力革命,比如法国大革命。但是,英国人在现代转型过程中遭受的痛苦最少,实现了一种和平而成功的社会转型。英国历史上爆发过革命,把国王都杀掉了,可是革命并没有实现克服专制王权的任务。光荣革命是一场不流血的革命,却实现了个人专制向贵族寡头制的转变。在第一次议会改革时，英国社会又差一点爆发革命，但是最后英国的大贵族决定妥协，于是议会改革方案得以通过，贵族寡头制度开始转向议会民主制。在这个和平转变的过程中，各方利益都被保证了，贵族也保存下来，今天英国的贵族还在，国王还在。相比之下，法国、俄国等国家的贵族不愿适时妥协，不仅导致革命爆发，自己最后也被消灭了。英国通过议会改革获得了政治自信：未来英国可以随时变革，不必凭空摸索，改革最终也将使所有阶级获利。可以说，英国在第一次议会改革后，国家真正地成熟了。

19世纪的英国通过一系列渐进改革完成了人类历史上第一个现代国家的转型，一个成熟的现代社会一定是法治社会，下一章我们介绍英国现代司法体系的形成。

第十五章
依法治国：现代司法体系如何在英国形成

19世纪，英国在政治方面进行了重大改革，政治制度变革与司法制度发展是同步的。工业革命导致经济现代化，由此引发政治现代化，接着引发了司法制度现代化。依法治国是现代国家的基本要求。这一章讨论英国现代司法体系的形成。

世界上主要存在两大法系，一是大陆法系，一是英美法系，也被称为普通法系。普通法系是从英国起源的，英国的原殖民地也属于普通法系，英国和美国是普通法系的主要代表国家。英国独立司法机构始于金雀花王朝国王亨利二世改革，他建立了普通诉讼法庭，提高了司法机构的固定性和专门性。由于亨利二世统治的领土面积很大并跨越英吉利海峡两岸，他在各地留下了代表国王审判的法官，并规定案件未经国王同意不得上诉教廷。亨利二世是当时欧洲最有权势的君主，被誉为欧洲的"法律之父"。

大陆法系以成文法为主，注重刑法、民法等法律汇编。英美

英美法系特点

- 英国普通法为基础
- 变革缓慢,"向后看"
- 体系庞杂,缺乏系统性
- 遵循先例
- 突出法官作用
- 注重诉讼程序

法官和律师戴的司法假发来源于17—18世纪的英国,一直沿用到今天。香港由于曾受英国殖民统治,其律师和法官保留着用假发的习惯。假发在12世纪的英国开始流行,贵族将戴假发当成一种时尚。法官整齐佩戴假发会让法庭充满庄严的气息。

法系以判例为准,将审理过的案件作为办案的参考标准和法官判案的重要依据。比如说,张三犯了罪,这个案子被认为是典型案例,那么以后在判决此类案子时,法官可以引用"张三判例"进行判决。

英国法律经历了习惯法、普通法和衡平法三个发展阶段,它们是英国法律体系的最主要部分。习惯法是一种自古形成的具有强制性和习惯性的行为规范总和,和道德联系比较多,也是普通法和衡平法的基础。普通法是剔除了习惯法的地区性差异,适用于全国的判案标准。衡平法是对普通法的补充和修正,秉承"公平合理"原则,遵循过去先例,又创建新的先例。这一步步发展看似很合理,但却存在很大问题,因为司法体系保持了普通法和衡平法两元的特征,互相独立存在。当时的法院自成体系,普通法的法院经常驳回衡平法法院裁定合理的诉讼请求,而衡平法法院可以宣布普通法法院的宣判是无效判决。不同的法院都有自己的一套诉讼程序、审判规则和法律术语。

三大普通法院中，王座法院主要审理政治、刑事案件；普通诉讼法院负责受理民事案件；财政部法院主管税务等经济案件。表面上看，三大法院分工明确，但各类法院司法权限的界定模糊，导致整个体系非常混乱，当事人很难弄清楚自己的案子到底属于哪一个法院管辖。有的案件甚至到了上院的最后上诉阶段，当事人才发现选错了法院，只能退回重新再来。

当时英国的法院组织混乱，管辖权限模糊。在中央一级，高等法院有十几所，还有很多分管离婚、破产、遗嘱等各类事务的专门法院，以及专门受理上诉案件的上诉法院，此外还有王座法院等等。地方基层的法院数量更多，法院彼此之间权限交叉重叠。

而且，英国人打官司必须要有令状。所谓令状，是以国王名义发布的一种书面命令，上有国王的签名，其主要内容是命令接受令状的人去做或不做某事。令状虽以国王名义发布，但实际上是由法院负责草拟和颁布，令状上写明了案件的诉讼依据。当事人有了令状，才能进入合适的诉讼程序。令状种类繁多，如若令状内容与案件实情不符合，官司就打错了地方，必须撤回诉讼，否则肯定败诉。即使令状没有问题，法院也选对了，诉讼也不会很顺利。当时的法院有一大陋习，就是接受礼品，这甚至成了法院的一项权利。衡平法院的法庭诉讼特别复杂，一件简单的案件往往需要五年时间才能结案。诉讼当事人会变得一贫如洗，律师却能够依靠哄骗当事人或卖弄诉讼技巧而越来越富有。

为了多得费用和好处，办案人员往往故意推延审判或上诉时间。有甚者立案时间过去了 16 年，诉讼费用花掉近 4000 镑，但案件依然处于庭审阶段。而法庭职员依据撰写文本的页码份数领取工薪，为了获得更多的薪酬，就故意将庭审记录加长，一个职员能够将本应在 6 页完成的一份法庭记录硬拉长到 40 页。

因此，英国司法改革势在必行，改革的核心是改造普通法和衡平法的二元对立，统一司法体系。司法改革时间跨度长达 40 多年，涉及司法体系的方方面面，对英国司法体系产生了极为深远的影响。

1873 年颁布的《司法权法》是英国司法史上的里程碑，奠定了其现代司法制度的基石。该法案统一了混乱的司法体系，简化了手续，降低了费用，使司法机构成为国家的公务机关，打官司成为社会生活中的一部分。该法案规定，英国设立一个最高法院，下设高等法院和上诉法院。高等法院分三个审判庭：（1）王座法庭；（2）大法官庭；（3）遗嘱、离婚与海事法庭。上诉法院取代了议会的大部分上诉司法权，促进了英国法院审理体系的统一化。

高等法院和上诉法院在同一民事诉讼中同等适用普通法和衡平法，废除了普通法法院和衡平法法院之分，建立起单一的法院体系，统一适用普通法和衡平法，在普通法和衡平法的规则发生抵触或不一致时，以衡平法为准。

《最高法院规则》确定了"对抗式的交叉庭审询问制"，废除了民事案件审判中的陪审制，律师成为法庭调查的主角，他们不仅负责案件的调查取证、有关的法律文书的准备，还承担法庭陈述、答辩、质疑、反证等庭内事务，双方当事人可以沉默不语。法官保持中立的第三方角色，不主动提问，只对诉讼双方的提议给予有效或无效的裁定。

诉讼双方当庭抗辩，充分调动了当事人和律师调查取证的积极性。这种交叉询问也更有利于案件事实真相的呈现，有利于法院做出更加接近公平正义的裁决。

除了民事案件，刑事案件裁判也做了很大修改，例如将死刑罪砍去了100多种，降低了英国刑法的严酷性。只有叛国、谋杀、武装海盗、纵火烧毁皇家造船厂、破坏军械库或船只的犯罪才可以判死刑，也就是说直接侵害生命的案件才判死刑，像财产犯罪等没有死刑。此外还规定不得在公共场所处决犯人，也不能把刑事犯流放到澳大利亚、新西兰等殖民地。

法官请陪审团发表意见

英国刑事司法变革的第二项重要内容,是将程序法(刑事诉讼法)和实体法(刑法)分离。原有刑事法规中,诉讼程序规定和定罪与刑罚标准兼而有之,刑事审判中容易产生不规范、不严谨的情况。将两者分开,刑事司法就向现代法律体系迈进了一步。

警察制度改革也可以看成司法改革的一个延伸。19世纪以后,伦敦及附近地区的发案率不断升高。伦敦已成为工业化的大都市,人口增多,贫富差距拉大,而伦敦警察队伍还是根据工业化前的规模来配备的,力量弱、素质低,每个警务部门的权限有限,相互间又缺乏联系与合作,发生突发治安事件,往往依靠军队的力量。

为了彻底改变这种状况,1829年英国颁布了《大伦敦警察法》。根据此法,伦敦地区组建统一的警察系统,警察统一着装,每人配备蓝色燕尾服上衣、皮革硬领巾、加厚的陀螺帽,后来换成头盔,外加一只手摇警报器或口哨。上衣领口印有一个字母,代表该警察所属的警察署,字母后面是个人编号,有关信息一目了然。

大伦敦警察厅设在白厅街4号,因公共入口所在的街道名为"大苏格兰场",人们就用"苏格兰场"来称呼伦敦警察机构。大伦敦警察厅的辖区划分为若干个大区,每个大区设立一个警察署,配备1名警监和4名警督,每个警督配备4名警司,每个警司领导9名警员。中国在20世纪80年代末实行的警衔制度跟英国类似。警员在日常执勤中携带木质警棍,警督可以配备手枪,但枪

大伦敦警察厅

> 苏格兰场是中世纪的苏格兰王室在伦敦的下榻处。19世纪后期,警察厅搬到位于维多利亚堤岸的新地址,被称作"新苏格兰场"。1967年,警察厅又搬到现在的议会附近,是一座20层大楼,依然保留"新苏格兰场"的名字,现有约3万名警察。

支需保存在警察局。

"预防犯罪"成为警察工作的一项主要目标,文明执法成为警察的基本操守,警察必须纪律严明,服从指挥。大伦敦警察厅的成效非常明显,比如因抢劫和盗窃而造成的财产损失,从每年90万镑下降到2万镑。

大伦敦警察厅的模式对建立地方警察制度起了很大的促进作

用。改革前的地方治安工作由治安法官和警务官负责，他们都不拿薪水。治安法官是法律的基层执行者，警务官负责押送犯罪人到治安法官处接受处罚。他们不熟悉法律知识，凭个人经验办案，判案独断专行现象时有发生。在《大伦敦警察法》通过后的半个世纪中，中央政府又通过了若干法规。《郡市警察法》是一个具有强制性的全国性警察法规。该法规定各郡、市都应建立警察机构，中央财政部给予经费补贴，中央政府对地方警察工作有监督权。中央和地方在分管警察机构方面形成伙伴关系，这种状况一直延续到现在。到19世纪末，从大伦敦到小镇，国家有了统一的警察制度，确立了中央政府、地方政府和警察局长三位一体的领导体制。此后，治安法官失去了存在的必要，乡绅对农村的统治权随之削弱了。

法制系统的改革本质是从制度上维护现代社会的发展，依法治国，保证国家的长治久安。随着司法改革、警察制度改革的进行，其他相关法律的变革也轰轰烈烈地开展起来，宗教法、公共健康的立法、劳工法、教育法、经济法等都有了快速的发展，在第一次世界大战开始前，英国现代法制体系确立起来。

司法改革是英国工业化社会的内在要求，保证了英国工业社会进一步的健康发展。但是，工业化是一把双刃剑，带来的不只是正面的东西。下一章我们要谈英国在工业化进程中的城市病问题。

第十六章
工业化的双刃剑：城市化与城市病

上一章，我们介绍了英国现代司法体系的形成，而解决城市出现的新问题，正是英国国家立法的一种重要动因。城市化与工业化是一对孪生姐妹，现代化的一个显著特征就是城市化。英国城市化展现出优越性的同时，也出现了非常严重的城市病。

英国是第一个工业化国家，城市的发展体现了自由放任的特点。当时英国的城市大致分为四大类：制造业城市、交通枢纽城市、旅游休闲城市、综合型的大都市。

制造业是工业化的主导，催生了英国一批大城市的兴起。比如，斯坦福市是在当时远近闻名的"黑乡"，它凭借丰富的煤和铁资源，迅速发展为一个大城市。曼彻斯特、利兹的纺织业突出，城市的人口规模也不断扩大。伯明翰是今天英国的第二大城市，它凭借五金行业发展起来。温斯顿的特长是铁轨和机车制造业。这些城市凭借工业化发展为大城市，但是工业化之前，它们属于英国的农业地区。在英国议会改革之前，依据选举法，这些大城市没有推选议员的资格。这些城市里的商人和企业家就要求议会改革，使他们有选举权，具有推送议员的资格。

　　随着运河、铁路和公路的开发兴建，形成了运河城市、铁路城市和港口城市。在18世纪英国工业革命刚刚开始的时候，工业的制成品和原料主要通过运河运输，英国主要的有名城镇几乎全是运河城镇。利物浦是一个港口城市，主要进口北美的一些原料，而向外倾销棉布，在19世纪初发展为大城市。到了19世纪中叶，铁路和公路的兴建造就了另外一些城市，比方说古城约克成为铁路枢纽城市。

国家铁路博物馆（约克）

泰晤士河岸民居

第三类是休闲度假城市。工业化让更多英国人变成有钱人,带动了休闲城市的发展。在18世纪,休闲在英国还是一种上流社会独享的生活方式。到了19世纪下半叶,休闲城市的人口增长非常快。火车时代的来临,更是带动了英国大众休闲城市的纷纷崛起。越来越多的人外出度假,国家确定了很多法定假日,英国的普通人也开始模仿过去上流社会的消费行为。这些为休闲城市的发展创造了条件。当然,现在的英国火车票比较贵,速度没有中国高铁快,乘坐巴士出门旅行比较便宜,沿途可以欣赏英国乡村的美丽风景。

最后一类城市是大都会城市,以伦敦最具代表性。伦敦是英国政治经济和文化的中心,又是陆海交通的枢纽。17世纪初,在

伦敦郊区民居

工业化还没有开始的时候,伦敦人口只有巴黎的一半。经过100年的时间,伦敦一跃成为全欧洲最大的城市。到20世纪初,伦敦的人口是欧洲大陆四个最大城市——巴黎、柏林、维也纳和圣彼得堡——人口的总和。伦敦城区不断扩大,威斯敏斯特、格林尼治等都划为伦敦城的一部分。今天的英国人调侃说,英格兰只有大伦敦是城市,其他所有地区都是伦敦的郊区。

但是,工业化是一把双刃剑。伴随着工业化和城市化的进程,英国工业化之前一片片诗情画意的乡村,现在变成了一座座机器轰鸣、厂房遍地的城市。城市人口的急剧增长,造成城市环境的日趋恶化,各种犯罪现象也日益攀升。城市到处拥挤不堪,卫生

伦敦风光

条件落后，流行疾病时有发生。城市的急速发展引发了城市病，城市的工作和生活状况持续恶化。

恩格斯描述了他当时生活的曼彻斯特的城市情景："只要哪里还空得下一个角落，他们就在哪里盖起房子，哪里还有一个多余的出口，他们就在哪里盖起房子来把它堵住……东一排西一排的房屋，连成一片迷阵式的街道，像一些小村庄一样，乱七八糟地散布在寸草不生的光秃秃的黏土地上。"城市住房拥挤，环境脏乱，这是英国城市病的一个突出表现。在19世纪上半叶，很多英国的城市人口都增长了两倍以上，造成住房奇缺，城市中一些低矮潮湿、密不通风的地下室都住满了人。工人阶级是城市的主要人口，他们的住房情况尤其恶劣。工人们就住在"背靠背"的建筑群里。这些低矮平房，每两排背靠背成为一组，两组之间门对门，中间有一条狭窄的过道。这种住房比较节省用地，造价也比较低，最大的弊端是光线差，空气不流通，没有卫生设施，所以很容易滋生疾病。

谈到住房，现在的英国城镇住房最多的是"排屋"（Town House），也可翻译成"联排别墅"，几十套房子连成一大排，每套住房有三层，底层是餐厅和会客厅，二楼是卧室，三楼堆放杂物，还有一个院子，空间一般比较狭小，英国人能有这样一套房子就算得上中产阶级了。现在伦敦很多这样的房子都成了宾馆，房间小、条件差、价格高，但节假日依然是一房难求，人住在里边更能体会工业化时代的伦敦住房问题。

英国排屋（联排别墅）

居家花园

卫生和污染问题是英国城市病的一个顽症。大量贫苦人居住的地方被称为贫民窟，这些地方公共设施极其缺乏。在城市化转型过程中，人、畜、垃圾都是混杂在一起的，流行病极易发生，伦敦贫民窟地区被称为"霍乱王国的巢穴"。

伦敦的雾如同"豌豆汤"一样，笼罩在伦敦上空，与大本钟和威斯敏斯特大教堂一起，成为伦敦的特有"景观"。河流污染极为严重，泰晤士河散发的臭味弥散在空气中，议会大厦都要挂上浸泡过消毒水的被单，并点上熏香祛除臭味。当时"爱丽丝公主"号邮轮在泰晤士河沉没，640人遇难，其中许多人并非淹死，而是被河水毒死的。

犯罪是另一个严重的"城市病"。乡村社会中居民相互熟悉，而城市社会的人口之间彼此陌生，这是犯罪率上升的一个原因。有些人为聚敛财富不择手段，或因为暴富成为"土豪"而为所欲为，儿童犯罪也非常严重。狄更斯在《雾都孤儿》中，描写了贫民窟儿童在成年人的控制教唆下，白天在大街上扒窃行人钱包，到了夜晚，便翻窗入室行窃。

城市病是城市化的结果，在工业化和城市化进程中，由于资源分配的极度失调，造成严重的地区差异和贫富不均。英国奉行的又是自由放任主义，政府对社会问题的关注较少，治理不力。城市病约束了城市化的进一步发展，面对日趋严重的城市病，英国政府下决心进行治理。

各城市纷纷制定地方法规，规范住房标准。19世纪中期之后，

狄更斯故居

英国中央政府相继出台住宅法案,授权地方当局制定法规,规范住宅的建设标准,整顿贫民窟,地方政府开始营建"公有住房"。20世纪初,住房状况有了极大的改善,但伦敦住房还是拥挤,远远不如其他城市。

1848年,英国政府颁布第一部《公共卫生法》,由此逐渐建立起全国公共卫生体系,城市居民的死亡率显著下降。泰晤士河的治理是政府解决城市污染问题的一个典型案例,伦敦当局花巨资建立了一个现代化下水道系统,包括700多公里主干道,2万多公里的支道,还兴建了泰晤士的河堤与大道。通过整治,原先污浊不堪的烂泥潭变成了宽阔大道和美丽花园,泰晤士河的河道也被改造,成为更易航行的商业运输通道。

> 1848年《公共卫生法》设立了英国历史上第一个公共卫生机构——中央卫生委员会,对公共卫生进行国家层面的管理和监督,开创了中央政府干预城市治理的先例:突破地方自治的传统,通过立法手段对公共卫生领域进行干预。法案在供水、排污、垃圾处理、住房等问题上规定了政府的责任和义务。

英国颁布了第一部防治河流污染的国家立法——也是世界历史上第一部水环境保护法。法案详细列举了禁止排放各类污水等违法行为,任命专家担任审查官,向工作部门提供实施建议,并通过技术检测控制河流污染。该法案确定的原则沿用了近80年。

治理大气污染的主要任务是清除烟尘,议会通过立法限制燃料使用的时间、地点及排放量,控制有毒气体,确定氯化氢的最高排放标准。伦敦成立了消除烟雾委员会,宣传消烟知识,推广无烟煤,对使用无烟壁炉和锅炉予以奖励,等等。不过,这些措施效果有限,真正解决煤烟问题是在20世纪。

与此同时,城市规划与改造工作也提上议事日程。地方政府开始改建和整顿贫民窟,营建公有住房,建立了一批新的城区,拓宽了街道。在城市化建设过程中,政府开始注重城市规划和城市改造工作,其中最重要的一个举措是修建公园、绿地等公共空间,注入文化内涵。从19世纪中期开始,公园成为市民休闲和活动的场所,园内有弯曲小路、水池、花草、灌木和草地,设有专人管理。公园改变了城市脏乱的面貌。今天的英国所有城市都有大片的公园草地,行人可以在草地上自由行走。

19世纪中叶以后,英国完成了工业革命,成为世界工厂,英国人的整体生活水平提高了,贫穷问题得到改善,城镇改造和清理贫民窟又消除了很多安全隐患。然而,在财产犯罪明显下降的同时,恶性暴力犯罪引起人们的关注。比如"开膛手杰克"事件,在伦敦东区的白教堂一带,凶手以极其残忍的手法连续杀害了多名妓女,该案件一直未能破案,引起英国人极大的恐慌。当然,警察部队的建立遏制了犯罪,为现代社会提供了一支专业化的治安力量。

城市是一个国家现代化的重要支撑力量,大伦敦是英国工业化的一个缩影,是人类历史上第一个世界级的大城市。每一次去

古堡花园

乡村小屋

英式花园最大的特点是看上去自然天成,但其实是人工精心布置的结果。英式花园起源于18世纪的英国园艺造景,崇尚自然,渴望一尘不染,没有夸张的雕饰,没有修葺整齐的苗圃花卉,更多的是与大自然浑然天成的景观。

伦敦,我都要去看看它的大本钟、议会大厦、白金汉宫、唐宁街十号、海德公园、伦敦塔、泰晤士沿岸的风光、大学建筑群、大英博物馆、大英图书馆、牛津街……伦敦这座城市集聚了太多的历史,值得人们长时间地停留,停留越久,越会发现伦敦作为第一个工业化国家的象征,以及它所保留的数不清的历史痕迹。

在19世纪,英国成为世界上第一个城市型国家。英国城市的

唐宁街十号

大英图书馆

发展经验表明，"放任"型发展模式不利于城市的健康成长，"无形的手"不足以维持一个城市良性发展，政府必须扮演"有形的手"，承担起相应的社会责任。英国在城市病的伤痛中，逐渐摸索出自由而不放任的城市发展模式。英国城市也逐渐从城市病中康复，成为推动国家进步的重要力量。

在这个转变过程中，英国的工人阶级与国家之间既有对抗又有合作，工会从国家体制外的力量，变成国家体制内的力量。英国工会对英国发展举足轻重，下一章我们谈谈英国工会问题。

第十七章
对抗与合作：工会运动与国家发展

上一章我们讲到英国的城市问题，英国工会就是城市化的产物。英国工会从建立之初起，它和国家之间的对抗与合作的关系一直保持到现在。直到今天，英国工会都是英国社会一个最大的压力集团，是影响英国社会的一支非常重要的力量。这一章我们就来谈谈英国工会问题。

很多工党领袖都有工会的背景。比如，麦克唐纳曾任工党领袖和英国首相，他是苏格兰煤矿工人出身，也是最早的工会活动家之一。英国工会的罢工活动，对英国社会、经济、政治的影响比一般国家工会厉害，因为英国工会采取"联合工会"的形式，相同行业的不同工种形成总联盟。比方说，英国的公共服务业总工会有100多万名成员，囊括了公共服务领域的所有工种。其他国家一般是行业工会，团结起来的力量就有限。

英国工会运动曾经是敌视和反抗英国主流社会的一股力量，

罢工游行

最后被整合进主流的社会体制当中。如果没有整合会怎样?俄国革命的主要力量是大城市的工人,他们推翻了沙皇政府,建立了新的制度和新国家——苏维埃。但是,在英国社会发展进程中,英国工人没有用暴力革命去推翻国家体制,而是逐渐成为与其他的社会集团彼此牵制又相互抗衡的力量。

在英国,无论是工会还是国家,在整个现代化的过程中都进行了自我调整。我们先说工会这一方,它在和国家对抗的过程当中,逐步认识到对抗对工会本身也会产生很大的伤害,所以就尽量避免采取激烈的对抗手段,而通过议会内的斗争为自己获得更大的利益,保障自己的权益。政府在这样的过程当中也认识到,仅仅靠打压工会是不可以的,在与工会的关系中,它应该承担第三方中立的角色，避免采取严厉打击，也避免无原则地顺从。工会和政府两方面都在冲突的过程中有所转变，在冲突与合作的过程中实现共赢。

这样的转变过程并不容易。工会作为社会局部利益集团的代表，很难避免与雇主和政府之间的冲突；雇主和政府出于自身利益的考虑，对工会的要求也往往不能采取适当的对策。在英国近现代史上，工会和雇主之间，工会和国家之间，并不总能呈现和谐的关系，有关工会的一些冲突给英国社会造成了巨大的破坏。

英国工会组织出现于17世纪末，发展壮大却是工业革命以后的事。早期工会是少数技术工人排斥一般劳动者的组织，对政治不感兴趣，只关心自己的工资收入、工作条件以及工作机会不受竞争，具有很多中世纪互助会的特点，因而对政府不造成威胁，也没有引起雇主的强烈反弹。英国工会运动的宗旨是经济目标，而不是政治目的，因为工会最注重的就是内部团结，这是他们与资方斗争的唯一手段，而政治与宗教是当时英国社会纷争最激烈的两个问题，工会卷入其中就会造成内部分裂。

在18世纪末，托利党政府颁布了《结社法》，禁止一切工人结社，工会也包括在内。不过，工会具有互助会的性质，其存在有助于解决工人群众所面临的生老病死问题，地方当局对它的存在是睁一只眼闭一只眼。19世纪20年代《结社法》废除后，全国立即出现了组建工会的浪潮，工会获得了合法的生存地位。

宪章运动衰落后，工会成了英国主要的工人运动形式。"联合王国工厂纺纱工总工会"是英国第一个全国性的工会组织，也是工厂工人组建工会的最早尝试。1851年以后出现了"新模范工会"，这在英国工会运动史上是一块里程碑。这种工会的成员须交纳很高的会费，只有收入高的技术工人才能入会，工会中设有带薪的全职干部，主要通过与雇主谈判而不是罢工来达到自己的目标。这种新模范工会在伦敦设有总部，互相之间保持经常的联系，遇有重大问题采取一致立场。由于这种工会由技术工人组成，控制着各行业的关键生产部门，经费充足，又不轻易发动决战式的罢工，所以能长时间地存在下去，在工人激进主义日益消沉的年代里，它成了工人阶级的唯一斗争形式。当然，由于它不轻易发动罢工，以高收入的技术工人为主体力量，因此被有些人称为"工人贵族"，应该对19世纪50年代以后工人阶级战斗精神的丢失负责。但无论如何，"新模范工会"标志着英国近代工会的形成，工会运动此后也成为英国劳工运动的主流。

工会运动主张避开政治领域，专注于工人阶级的经济利益。因为当时英国的政治和宗教问题争论非常激烈，工会如果介入这些问题，就可能引发内部的分裂，分裂的工会就失去了与资本家抗争的力量。但是工会要提出自己的经济要求，就必然会引起一些相关的冲突，这些冲突的解决就必然涉及法律问题。在当时，工会的地位也需要法律的界定，工会的存在合法性问题不是非常明确。法律是由议会制定的，工人阶级在议会里没有自己的代表，没有工人阶级的议员，议会颁布的法律就很难体现工人阶级的意志，涉及劳资纠纷的法律总是偏袒雇主，如工人违反雇佣合同将面临刑事审判，而雇主违约只需按民法处理。事实让工人阶级意识到经济利益需要有政治上的支持和法律上的保护。

而且，在第二次议会改革后，工人阶级的一部分人已经得到选举权，有了选举权，就可以迫使执政党考虑工人阶级的利益。你不支持我，不代表我的利益，工人选票就不投给你。这样，工会开始涉足政治活动。"工会代表大会"就是在这个背景下诞生的，这是工会运动的一个全国性论坛，每年召开一次，成为劳工运动的发言人。工人阶级有了选举权，成为了一支政治力量。自由党和保守党为了拉拢这支庞大的政治力量，相继对劳工立法进行改革，以争取工人阶级选票。因此，有关立法被称为"工会运动大宪章"，它使处于法律边缘的工会运动取得了完全合法的地位。

此后，工会就成为英国体制内的力量了。英国统治集团用这样一种方式，把一支原本具有很强离心力的力量，从体制外拉到了体制内。

19世纪最后15年，英国出现了一种新工会，称"新工联主义"。这种新工会主要由非技术工人、半技术工人组成，收取很低的会费，面向工人阶级底层群众，比如码头工人、运输工人、工厂女工等，它们提供的福利待遇比较低，但人数众多，战斗力强，经常采用激烈对抗的方式，争取更高的工资、更好的工作条件，很多新工会领袖还赞同社会主义思想。"新工会"一般按产业组建,与"新模范工会"的行业组建模式不同。

新工会的出现是英国工会运动史上一个重大转折,它把大多数工人都组织到工会中,如"码头工人工会""煤气工人工会"等。在新工会领导下,罢工活动进入新的高潮期,各种罢工此起彼伏,大罢工引起人们对英国贫穷问题的关注。与此同时,工会进一步卷入政治活动,在"工会代表大会"诞生的当年就任命了一个议会委员会,目的是选送工会代表进入下院。开始时,工会在大选中一般都支持自由党,形成了所谓"自由-劳工联盟"。但自由党不可能真正代表工人阶级的经济利益,双方的联盟关系并不牢固,时常发生严重分歧。这样,工人独立参加竞选活动的尝试就开始了。

詹姆斯·凯尔·哈迪

哈迪10岁当采煤工,是英国第一位工人议员(1892年),下院第一位工党领袖(1906年)。他是忠诚的社会主义者,和平主义者,英国独立工党的缔造者。他坚决反对英国参加第一次世界大战,提出"一旦战争爆发,所有各国工人都应该进行总罢工"。由于英国工党内多数决定支持英国参战,他的努力没有成功。

1900年，英国工会成立了"劳工代表委员会"，其任务是帮助和组织工人阶级候选人参加大选。在其帮助下，数十位工人当选为议员。"劳工代表委员会"成立六年后，正式更名为"工党"。在工党中，工会成员占绝大部分，经费也主要来自工会捐款，这使工党与工会之间具有一种特殊关系，这是工党吸引选民、赢得选举和最终取代自由党的关键因素。因此，工会被认为是工党的"父亲"。但工会当初参与建党，其目标只是在议会中制定有利于工人阶级的立法，以解决工人的赔偿金、失业保险、退休金，妇女与儿童的津贴等问题，工党在很长时间里也只局限于关注一些具体问题。

工会在英国社会发展进程中的地位非常特殊。工党就是工会代表大会的产物。在此之前，大部分工会曾将自由党看成是自己的政治代表。在20世纪50年代，工会又是保守党政府高官的"座上客"。作为社会的一个重要压力集团，英国工会对20世纪的英国政治、社会和经济产生了很大影响，直接关系到国家的社会稳定和经济发展。例如，20世纪70年代，英国工会曾经三度迫使工党和保守党政府下台。

有一种观点认为，工会是英国二战以后衰落的一个主要的原因，而解决工会问题是促使英国经济复兴的一个关键。但是，一个由人民选举产生的政府，它的任务就是有效管理好国家，平衡不同社会群体的利益。英国工会代表两种公民权利传统。一是城镇行会自由传统，工人可以实现行业内部的自治，不受外界的干涉。二是良心自由和地方民主的传统，这种传统历久弥坚，英国工会和工人为此做出了贡献。所以，工会始终是英国的一个重要利益集团，是英国最大的志愿联盟，也是促使社会发展的一种重要力量，英国政府必须认真处理好工会问题。

谈到英国的工会问题或劳资冲突，我们就会想到冲突本身，其实冲突的价值是中立的，冲突没有好和坏之分，但是解决冲突的方法却有好坏。英国劳资冲突的结果是积极的还是消极的，是好的还是坏的，取决于英国处理冲突的原则和方法。如何将冲突的消极影响降低到最小程度，将冲突的积极的潜在因素激发到最大程度，这是处理好劳资冲突的关键性问题。

劳资冲突是国内冲突，英国在20世纪的发展过程中也遇到许多国际冲突，这些冲突直接影响到英国的发展。下一章，我们讲英国如何处理一战后的欧洲外交问题，如何消减国际冲突对英国产生的影响。

第十八章
欧洲均势：一战后的和平外交

英国外交似乎总给人一种老谋深算的感觉，原因可能是这个国家不大，孤悬海外，可是它的抱负很大，要与全球保持经贸关系，甚至称霸世界，这就势必需要在对外交往中仔细考量，处心经营。英国外交具有孤立主义的特点，这个问题我们将在第29章专门讨论。英国的现实主义外交也非常突出，可以说，英国外交没有任何理想主义的成分，而是完完全全的现实主义考量。比如，新中国成立以后，英国担心中国要把香港收回，不顾美国反对，主动要承认新中国，保持跟中国的友好关系。在2003年的伊拉克战争期间，英国政府跟从美国打击伊拉克，很多英国人不能理解，觉得这样做不符合英国利益，背离了现实主义外交的理念。战争结束后，决定开战的首相托尼·布莱尔就下台了，英国选民认为这场战争不是英国的战争，而是布莱尔的战争。

英国外交还有"和平主义"和"欧洲均势"的特点，这是本章的主要内容。

在英国和欧洲的关系当中,英国和法国曾经是世仇,打了两次百年战争,一次是中世纪的百年战争,在这之后,又断断续续打了一百年,一直到拿破仑战争,英国才最终消除了法国的威胁。法国在拿破仑战争期间向欧洲输出革命,拿破仑战争有帝国主义的性质,也有社会解放的性质。所以欧洲大陆封建君主非常惧怕,他们与英国联合起来抗击法国。

在战争结束以后,欧洲大陆主要国家和英国在处理法国问题上产生了矛盾。普鲁士最希望彻底肢解法国,在欧洲大陆,普鲁士和法国在历史上是世仇。俄国试图夺取波兰,向西欧进发,进而获得对欧洲的控制权,成为取代拿破仑的欧洲霸主。奥地利也是欧洲强国,它在战后的想法是巩固自己在德意志的盟主地位。所以,对于俄国和奥地利而言,只要能够满足自己的利益,它们不会反对普鲁士肢解法国的主张。

在这个问题上,恰恰是英国站出来反对肢解法国,尽管法国曾经是它的敌人。英国和法国的领土纠纷,其实在英法百年战争中就已经解决了。在这之后法国对英国的压力,主要不是领土问题。在英法百年战争以后,英国最担心有个超强国家成为欧洲霸主,那样就会直接威胁到英国本土的安全,也会影响到英国和欧洲大陆的商贸往来。英国打击法国,就是因为法国成了欧洲霸主,而不是为了消灭法国本身。

拿破仑战争后,其他几个欧洲强国要肢解法国,而法国如果被肢解，可能会有另外一个国家代替法国成为欧洲超强的国家，这是英国同样不能容忍的。如果俄国成为欧洲大陆霸主，英国更不能容忍。对英国来讲，对法国采取刚柔并济的策略，保证一个和平法国的存在，而不是把法国一棍子打死，有助于保证欧洲均势，对英国是最有利的。正是出于这样一种考虑，在欧洲其他列强对法国实施严苛报复的情况下，英国仍然愿意将战争中获得的一些岛屿归还法国，这让拿破仑都感到不可思议。

战后的《巴黎和约》的主要目标是遏制法国，荷兰、德意志诸邦国得到加强，俄国想做欧洲霸主的欲望更加强烈，瑞士成为永久的中立共和国。英国越发感到，只有在欧洲大陆维持均势，才能保障英国在欧洲乃至世界的战略利益。因此，在拿破仑战争后的近百年中，英国总是努力保持符合英国利益的欧洲均势，当欧洲某一国或集团的势力过度膨胀时，它就会感到受威胁，就会毫不犹豫地与另一国家或集团结为同盟去维护均势。

在英国看来，遏制法国虽说是保障欧洲安全的一个历史经验，但适度强大的法国依然有利于维持欧洲的均势，换句话说，一个强大而不谋求霸权的法国比一个虚弱的法国更符合英国的利益。在战后的维也纳会议上，英国与俄、奥、普重新修订了"四国同盟"条约，主要目的也是通过大国合作维持欧洲的力量均势，防止法国再次发动战争。盟约规定，任何一个盟国如果受到法国攻击，其他盟国将出兵援助，同盟将实行"定期会议制度"，维持欧洲和平。至此，维也纳体系就算形成了，其目标是通过大国的

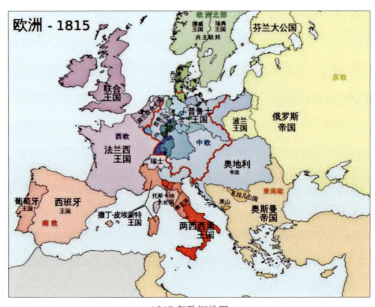

1815年欧洲地图

一致行动来协调国际事务,维护和平与均势。维也纳体系建立后,英国重新控制了欧洲,实现了欧洲势力均衡。

英国外交大臣卡斯尔雷是"定期会议制度"的主要倡导者,他认为,在拿破仑战争后,各战胜国之间应建立一种经常性的磋商机制,以维护欧洲的和平。英国要协调欧洲大国间的关系以保证和平,而不是充当任何大国联合体的领袖,或干涉欧洲大陆事务。但是,俄、普、奥三国把欧洲的所有革命运动都看作对战后秩序的威胁,因此认为应随时准备镇压革命。所以,虽然卡斯尔雷被誉为"定期会议制度之父",但英国与其他三国的出发点是不同的。维护对外贸易对英国的经济繁荣来说至关重要,战争或战争威胁必然干扰贸易活动，用协商方式保持欧洲的和平更符合英国利益。"定期会议制度"在维护欧洲和平方面确实起到了作用，这种国家协商的机制后来在"国联"和"联合国"得到了进一步的完善。

但在卡斯尔雷因精神分裂症自杀身亡以后，他的继任者坎宁中断了定期会议制度。坎宁在伊顿公学和牛津大学接受教育，属托利党自由派，他不支持欧洲的自由主义和革命行动，但又认为专制政府应该被推翻，而"定期会议制度"在他看来就是在维护专制君主统治。坎宁认为，英国正处在这样一个时代：欧洲各国围绕君主专制制度与民主制度两个原则，展开着公开的或者隐蔽的斗争。在这种情况下，英国没必要参加任何一方的争斗，偏袒任何一方，或者介入这场战争之中，而只要保持自己可靠而固有的君主立宪制度不变，做这场争斗的坚定而毫不动摇的旁观者，英国人只需付出同情心。坎宁有句名言："所有的国家为自己，上帝为大家。"

在1822年西班牙爆发革命以后，法国提出要对西班牙进行军事干涉，坎宁则坚决反对。他认为法国和西班牙战争的结果将是灾难性的。战争有两种可能性，如果法国战败了，就可能再次引发法国革命，这意味着一场新的欧洲战争；如果法国胜利，就可能爆发伊比利亚半岛战争。无论是哪种结果发生，英国都可能被卷入战争当中。

坎宁反对干涉西班牙还有商业的考虑，在他看来南美是比美国更大的商业市场，如果承认西班牙南美殖民地的独立地位，英国可以获取商业利益。在拿破仑战争时期，拿破仑就极力阻扰英国的海外市场，原西班牙的殖民地借机起义，并对英国打开了南美的大门。坎宁认为，这些地区一旦成为独立的国家，与英国贸易就会大大增加；相反，法国会在美洲大陆再度得势。

以上两种考虑使英国在西班牙问题上举步维艰：英国不希望卷入战争，因此要极力做好调解工作；英国如果承认西属南美独立，英国劝解西班牙的基础将被破坏，西班牙就不会接受英国的调停。结果，西班牙和法国未能互相让步，法军占领马德里，西班牙革命被镇压。在坎宁看来，法国入侵西班牙冒犯了英国人的荣誉和情感，英国可以采取战争方式予以回击，但也仍可以用和平的方式解决问题，用战争之外的方式恢复大国均势。于是坎宁

乔治·坎宁雕像

> 坎宁在下院的演讲词：在一个半世纪之前，大国均势在法国、西班牙、荷兰、奥地利和英国之间调节。多年后，俄国在欧洲政治舞台上扮演重要角色。又过了一些年后，普鲁士成为一个重要的君主国。因此，在保持大国均势的原则不变的同时，就要增加和扩展调节的手段。英国试图在另一个半球得到物质上的补偿，如果法国得到西班牙，就不应该是包括西印度群岛的西班牙。我引入新大陆这个词就是为了修正旧大陆的均势。

提出用新大陆平衡旧大陆。

坎宁说的新大陆是哥伦布发现的美洲新大陆,旧大陆是欧洲大陆。西印度群岛是拉丁美洲的一部分,也被称为加勒比海诸岛,在历史上被欧洲殖民了500年,这些殖民国家包括西班牙、英国、法国、荷兰。

坎宁拓展了英国外交思想,在地理上把欧洲的均势拓展到新大陆。与此同时,希腊也发生了起义,更加折射出英国处处老谋深算的外交智慧。希腊从5世纪起就处于奥斯曼帝国的统治下,土耳其政府自然不能听任希腊独立,于是调兵镇压,进行了大屠杀。英国人受历史与文化的影响,对希腊一直心存好感,当希腊爆发反抗土耳其的战争时,英国民众是站在希腊这一边的。但是,

哥伦布发现美洲新大陆图

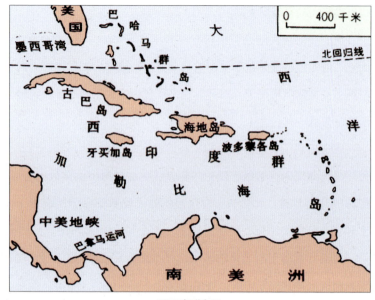

西印度群岛图

坎宁作为政治家却没有如此简单地考虑问题,因为削弱了土耳其,就会鼓励俄国在该地区的扩张,英国利益就会遭到巨大威胁,这是英国所谓"东方问题"的实质。

"东方问题"在本质上是"西方问题":奥斯曼帝国衰落,巴尔干民族主义兴起,欧洲列强各怀野心卷入巴尔干事务。对英国而言,奥斯曼帝国十分重要,它是欧洲均势的支撑点,也是通往印度的陆上通道,还是阻挡俄罗斯向地中海扩张的关键屏障。因此,俄国和奥地利希望改变土耳其的现状,英国和法国主张维持原状不变。在土耳其问题上各国利益交叉又有冲突,利害关系搅成一团,使"东方问题"非常复杂。

英国以保护海上通道为由，向希腊政府提供了两笔贷款。但英国不想走得太远，它试图在双方的争斗中保持中立，以候事态的进一步发展。当时，苏伊士运河还没有开通，东方航线是英国通往印度的交通生命线，英国唯有维持住土耳其的政治独立，确保君士坦丁堡不落入俄国手中，才能保护它的东方航线。由此可见，英国一贯标榜自由民主，可在遇到核心利益的时候，就全然不顾了。

埃及统治者穆罕默德·阿里也在寻求摆脱土耳其的统治，但又不愿意放弃希腊事件的机会谋求领土扩张。土耳其向阿里承诺，埃及只要帮助打败希腊军队，就可以得到后者所占领的地区。埃及军队在伯罗奔尼撒登陆后，埃土联军攻占希腊，希腊败局几乎已成定论。英国、俄国和法国都不能容忍这种结局，于是，三国签订了《伦敦条约》，提出给予希腊自治权，但保留土耳其享有的宗主权，并决定组建联合舰队迫使双方停火。

在希腊问题上，英国开始采取的是一种折中办法，既给希腊以自治权，又维持土耳其在名义上的管辖权，既保住土耳其，又挡住俄罗斯。然而，俄土战争爆发后，法国出兵占领伯罗奔尼撒，英国认为希腊的半独立状况会成为俄国继续执行干涉政策的借口，于是承认了希腊的完全独立。1830年，土耳其承认希腊独立，希腊被正式承认为独立王国。但俄土战争没有因此画上句号，"东方问题"因俄土战争的扩大而变得日趋严重，英国在这个问题上也越陷越深。奥斯曼帝国在一战后彻底解体，英国也是在一战以后，

爱丁堡卡尔顿山的仿希腊建筑

卡尔顿山上的纳尔逊纪念塔

开始逐步走向衰落。英国成为世界性强国后，保证国家安全和促进经贸繁荣是外交工作的出发点。拿破仑战争后30年间，英国始终在维护欧洲均势，保证欧洲和平，和平外交成为战后英国外交政策的一条主线，外交运作在总体上也是成功的。

  历史是连续的，英国有19世纪的光辉岁月，离不开17世纪的光荣革命，18世纪的工业革命。但是，英国能对世界有那么大的影响力，主要归功于19世纪的发展。19世纪是英国的世纪，英国在19世纪站在了世界顶点，正因为19世纪的巨大成功，它以往历史上发生的很多事件才被赋予了特别的价值。

回归欧洲

第十九章
看似没变的巨大变化：
一路走来的英国政治

上一章我们讲到了英国的外交问题，政治和外交是紧密相关的，学术会议上，政治和外交的主题论文也是放在同一个组讨论。英国的现代政治变革从光荣革命开始，一步一步发展到今天的状况。英国现代政治制度的变革，保证了英国现代经济的起飞。英国经济的持续发展，又倒逼英国政治不断变革完善，然后再进一步推动英国经济的发展，以此层层推进。这一章进一步讨论英国政治，特别是20世纪以来的英国政治演变情况。

英国维系着古老的政治传统，君主立宪制表面上至今并没有

20世纪，因为战争和革命，欧洲大陆强国的政体发生了根本变化，没有一个国家保留着20世纪初的政治面貌。但是，在20世纪结束的时候，英国的政体和20世纪初甚至更早时期却一模一样。

发生什么变化。然而,英国政治的本质、内涵一直在变化,只是这种变化是静悄悄的。比如,在20世纪初,英国上院和下院是平起平坐的,到了20世纪中期,下议院就完全占据了英国政治的中心。

英国政治变化有个特点,在短期之内看不出端倪,长期看却发生了质的改变。英国没有成文宪法,它的宪法和宪政建立在传统基础上,是由许多先例、律令和司法案例组成的,传统不会被全部取消,优秀的传统只会愈久弥坚。从这个角度来讲,英国宪政比成文宪法更牢固。比如说:法国有成文宪法,法国大革命后,宪法不断地被修改,造成了法国社会的大动荡。当然,英国修宪也不难,一旦有了新的先例,这个先例就成了宪法一部分,不必经过复杂程序,随时都可以对宪政进行修正。

比如,1973年3月8日,英国举行了关于北爱尔兰主权问题的公投,即北爱尔兰是继续留在英国,还是加入爱尔兰共和国。这是英国第一次全民公决,在英国历史上前所未有。在这次公决以后,全民公决就成为英国决定国家大事,特别是有很大争议的国家大事的一种方法。这次公决就成为先例,也就成为宪法的一部分,英国通过公投决定是否脱离欧盟,是在依法行事。

英国宪法也有文字部分,主要是历朝历代制定的法律条例。比如说,1215年的《大宪章》,1689年的《权利法案》。这些条文依然对今天的英国政治有很大影响力,它们是英国宪法的组成部分。19世纪一系列的议会改革法案也融入了英国宪法,成为英国宪法的一部分。1884年的一个司法判案确定了一条宪政原则，在涉及议会的内部事务上，议会的权力高于法庭。这样的事例经常发生，都在不断融入英国的宪政之中。

英国宪法和政治制度都具有缓慢变化的特点，同时有很强的连续性。英国的政体由三个部分组成：国王、上议院和下议院。在英国的历史上，这三个部分先后成为英国政治权力的中心。在专制时期，国王是政治权力的中心。在光荣革命之后，上院开始成为政治权力的中心。从19世纪开始，政治中心向下院转移。到了20世纪，只有下院才是英国真正的权力机构，其他的两个部分，国王和上议院已经成为一种陪衬。但是，从形式上看，英国政制的三个部分始终存在，在理论上依然保留着过去的传统作用。

我们先讲英国国王。国王是个有意思的政治代表，因为国王代表个人的统治，很难与民主制度相容。可是，英国的君主制不仅保留下来，而且是英国宪政不可分割的一部分。英国的君主制为什么能够延续到今天？关键一点就是在英国政治演变过程中，君主改变了自己，现代君主制的政治核心是立宪，而不再是国王。在英国光荣革命以后，英国逐渐形成了君主服从议会的传统。到了20世纪，国王已经放弃了所有国家重大事务方面的决策权，不主动对英国的政治问题发表个人见解，超然于英国政治的纷争之上。其实，也只有这样，君主制才能够永久存在下去。

英国的上任君主是伊丽莎白二世，女王在位期间能起到哪些重要作用？她还是英国的国家元首，发挥礼仪方面的作用，比如

英国女王伊丽莎白二世

说，习近平主席访问英国，伊丽莎白女王要出面接待。女王是英国的国家象征，为英国人提供了一种效忠的对象，也是民族团结的一种纽带。女王个人积累了非常丰富的阅历和经验，可以为政府提供咨询意见，为政治难题出谋划策。现在部分英国人主张废除君主制，但绝大多数人还是赞同保留上千年英国政治传统的延续。伊丽莎白二世于1952年登基，在位70年，一直很受英国人的爱戴。

英国君主制的未来，主要取决于英国王室成员，特别是君主个人的表现。威廉王子结婚生子成为英国民众非常关注的大事，因为这涉及英国未来王位的继承问题。顺从民意也是保证英国君主制千秋万代的关键。戴安娜王妃去世以后，伊丽莎白二世女王并不主张举行国葬，因为戴安娜王妃与查尔斯王子离婚了，但最后迫于政府的压力，还是顺从了民众要求，为戴安娜举行了国葬。

第二个政治代表是上议院。君主权力至今在名义上还是保留的，只是君主不去行使这个权力，而上议院在20世纪完全丧失了实权。上议院是贵族院，上议院议员是贵族，实行的是世袭制，父亲是议员，儿子可以继承。所以，这当然不符合英国的民主平等原则，对贵族院或者上院进行改革也就成为理所当然的事情。

英国人处理这个问题很特别，他们只在事实上剥夺了上议院曾经拥有的大部分权力，但同时在形式上又尽量不去触动它，让它保留原有的尊严。直到20世纪初，上院和下院在总体上还具有相对平等的立法权，两院都可以提出法案，都可以否决对方通过的立法。按照英国的惯例，上院一直不可以否决下议院提出的财政预算，这是下院的权限。除此之外，下院的法案遭到上院的否决也就寿终正寝了。这不可避免会引起上院和下院之间的冲突。从社会成分上来看，上院代表贵族阶层，下院代表普通民众，所代表的群体不一样。从党派的属性来看，上院是被保守党把控的，下院是看选举结果，哪个党在下院选举当中获得了胜利，就由哪个党来控制下议院。所以，当保守党不在下院占据多数时，上院在讨论下院议案时就更可能予以否决，造成议会内部的冲突。

自由党为了解决这个问题，在1911年规定了一项非财政法案。该法案颁布后，上院最多只能将下院的议案延后两年，两年以后这项议案自动生效，上议院由此失去了对下院议案的否决权，只有延迟的权力。此后工党政府又通过法案，将上院拖延议案的时间缩减为一年，上院世袭贵族的议员资格也几乎全部被废除。当然，上院还是英国最高的上诉法庭，可以提出自己的法案，也可以对法案提出修改意见供政府参考。不过，2009年，英国成立了最高法院，又对上议院的司法职能形成了挑战。从20世纪50年代开始，上院就不能与下院平起平坐了，英国政治权力完全地倒向了下院，从光荣革命开始的政治改革过程基本完成了。

18世纪是贵族的世纪。在光荣革命之后，英国实行贵族寡头制，选民比较少，贵族控制了整个英国政治。到了19世纪中期以后，英国经过多次的议会改革步入黄金时代，政党伴随议会改革也走向成熟。到了20世纪，英国政治成为典型的"政党政治"，下院是英国国家权力的真正中心,它由选民直接选举产生,有充分合法的地位,具有最高的权威性,拥有最大的权力。

那么,英国的政党究竟如何影响了政治?一个人从进入下院开始,就必须牢牢地和政党绑在一起。如果得不到某个政党的支持,一个人竞选议员几乎不可能当选。竞选费用耗资巨多,在复杂变动的社会中,个人无法进行有效的宣传和组织工作。一旦候选人成功进入议会,这个议员就要受到本议会党团的纪律约束。

英国上议院在开会

上议院也叫贵族院,主要由王室后裔、世袭贵族、新封贵族、上诉法院法官和教会的重要人物组成。它的职权包括搁置否决权,有权审查下议院通过的法案。上议院如果不同意下议院通过的议案,只能将议案拖延1年后生效,对于下议院通过的财政法案,只能拖延1个月。上议院同时也是英国最高上诉法院。

英国是两党制度，有执政党还有反对党，反对党也组建影子政府，政府有首相，反对党有影子首相，政府有财务大臣，反对党有影子财务大臣，一一对应，反对党随时准备推翻政府自己上台执政。

下院表决决定了一个党的命运，执政党必须保证重大问题议案获得议会多数人支持，否则就可能下台。反对党则在议案表决中谋求全力击败政府，迫使政府辞职，提前举行大选，从反对党变成执政党。所以，在下院的议案表决中，每个党议员的投票都非常重要，它必须按照本党的指示进行投票。每个党都有纪律督导员，他们的任务就是督促本党议员参加会议，并且在议会选举投票中和本党保持一致，否则就会失去本党的支持，断送政治前途。

政府通过政党掌握了议会的多数人，实际上不是政府听命于议会，而是议会听命于政府。政府的最高领导是首相，首相的个人作用在20世纪之后举足轻重。比如，保守党撒切尔政府时期进行了大刀阔斧的改革，这场改革体现了撒切尔夫人铁娘子的个人意志。在工党布莱尔政府时期，布莱尔个人坚持要打伊拉克，并以辞掉党领袖和首相相威胁，工党多数议员虽然不支持打伊拉克战争，但又不愿意失去这位有才干的领袖，只好支持其领袖提出的参加战争的议案。这种理论与实践的倒置，成为20世纪以后英国政治结构的一个特点。英国是议会民主制国家，议会名义上代表人民，而实际上是政党说了算，党领袖又有导向性和决定性的作用。

1851 年的下议院议事厅

英国政治是英国强大的基础，影响了整个世界的现代政治变迁。此外，英国在思想、文化、科学方面也取得了重大的成就，它们是英国称霸世界的软实力。下一章我们介绍英国软实力的形成和世界影响力。

第二十章
称霸世界的软实力

上一章,我们介绍了英国政治方面的变化,从某种角度说,英国的政治制度也是保证英国强大的一种软实力。这一章,我们进一步谈一谈英国的软实力问题。

"硬实力"是指一个国家实力的经济和军事方面,对一个国家的强大非常重要,但是在全球化的今天全靠"硬实力"是远远不够的。"软实力"是指一个国家通过建立某种文化资源的权力形式,提高甚至替代本国军事和经济的力量。英国的经济实力已经不如美国,也落后于中国、日本和德国,但英国的软实力依然对世界产生着巨大和深远的影响。"软实力"可以通过本国的吸引力让其他国家去想本国之所想,这自然比依靠大棒和胡萝卜的付出要少得多。英国率先完成工业革命并成为世界霸主,其"软实力"方面也突显出来,成为世界其他国家争先模仿的对象。如同"硬实力"一样,英国的"软实力"也有一个形成的过程,其发轫在英国革命前后。

我们从个人、国家和国际三个层面来讲解英国的软实力。

在个人层面,最先是自由。在中世纪,英国就有自由的传统。英国《大宪章》中的"自由"主要保证的是贵族的自由,不是现代社会的公民自由。英国人喜欢说,他们是生来自由的英国人,很重要的一个原因就是,《大宪章》所代表的自由的思想后来成为大家普遍遵循的一种自由。

英国历史上出现了很多自由主义大师。比如,自由主义鼻祖——约翰·洛克。洛克是英国革命后的第一位思想大师,他认为人占有财产和通过财产获得财富是一种天赋人权,私人财产神圣不可侵犯。人民有权反抗暴政,这个信条确保了一种信奉自由的价值观念。国家建立在国家与人民的契约基础上,宗旨就是保障人们的根本利益。国家权力分为立法权、行政权和外交权,这三种权力相互抗衡。这种思想进一步发展成为西方的三权分立:立法权、司法权和行政权。英国被称为自由主义的故乡,洛克被公认为自由主义的鼻祖,自由主义是西方文明的核心价值和资本主义意识形态。

霍布斯的契约思想是维护专制王权的,他认为国王权力和人民权利之间达成了一种契约,在这基础上,要给国王更多的权力。国王没有更多的权力,社会就不会有凝聚力,就会失控,人民的自由也没法保障。

霍布斯维护英国专制王权,洛克为光荣革命辩护,可是两人

霍布斯

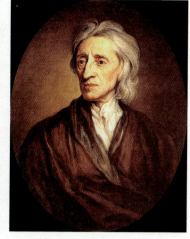
洛克

的落脚点都是自由。两人生活在同一个时代，意见分属两极，社会可以容忍这样对立的观点留存下来，这表明英国在那个年代也是比较包容的。

　　亚当·斯密将洛克提倡的自由引入资本主义体系，提出了"经济人"概念。经济人从事经济活动的唯一目的就是追求利润，但追求利润不是自私，而是人类美德。每个人追求自己的利益不会造成社会的混乱和无序，因为市场有一只看不见的手在发生作用，政府的干预是多余的。亚当·斯密的思想使自由放任成为英国的国家学说，也为近代一切国家资本主义发展提供了经济理论和道德基础。在自由放任思想的影响下，英国告别了以保护关税和垄断贸易为特征的传统商业政策，成为世界上第一个完全实行自由贸易的国家，而自由贸易可以称为"经济国际主义"，英国足以成为别国的榜样。

即便是保守主义政治理论的奠基人柏克,其理论的核心也是以保守的方式来保护自由。柏克认为,传统是人类集体智慧和文明的宝库,是各种权利的源泉,传统是秩序的基础,而秩序是自由的条件,如果革命彻底破坏了传统和秩序,自由也就失去了安生之所,有自由也是一种罪恶的自由。柏克认为,国家产生于契约,一个合法的政府即使存在着不公正的现象,也比一个通过像法国大革命那样的暴力革命建立起来的政府要好得多。在柏克保守主义思想影响下,欧洲国家在法国大革命后政治上全面趋于保守。

边沁从功利主义角度阐释自由,是现代自由主义思想的奠基人。边沁认为,功利是人类行为正当性的唯一依据,人追求快乐和避免痛苦的功利原则是不以人的意志为转移的客观规律。但是,人们这种对功利的追求必须建立在"最大多数人的最大幸福"的原则之上,衡量一个政体好坏的标准就是为最大多数人谋取最大量的幸福,这种政体一定是民主政体,国家立法不能干预社会的经济活动和自由竞争。

密尔将功利主义和自由主义更加紧密地结合起来。他认为,评价一个政府的好坏,应该根据它对人们的行动,根据它对事情所采取的行动,根据它怎样训练公民,以及如何对待公民,根据它趋向于使人民进步或使人民堕落,以及它为人民和依靠人民所做工作的好坏来进行。即使在民主政体下,人们也要防止"多数人的暴虐"。

英国自由主义对世界产生了极大的影响力，各国的大学生都要读洛克、霍布斯的书。一个不搞经济的人，生活在现代社会，也会知道亚当·斯密的《国富论》。自诩最自由的美国人也承认，英国是自由民主的起源地。

自由意味着创新，英国在科学领域有牛顿、达尔文，文化领

剑桥的牛顿苹果树

牛顿被誉为科学史上最有影响力的人，百科全书式"全才"。在牛顿诞生后的数百年里，人们生活方式发生的根本变化大都基于牛顿的理论和发现。他也是人类历史上第一个获得国葬礼遇的自然科学家。

域有莎士比亚,充分说明英国自由宽松、鼓励个人发展的文化氛围,正是在自由环境下,英国涌现了一大批世界顶尖的科学家、文学家、发明家、政治家。

现代科学起步于文艺复兴,英国人做出了突出贡献。威廉·吉尔伯特是区分电与磁的学者。威廉·哈维发现了血液循环规律,奠定了现代生理学的基础。弗朗西斯·培根是科学革命的理论奠基者,英国经验论的代表人物,总结出归纳法。罗伯特·波义耳推导出空气压力和体积之间的数学公式,认为元素是不能用化学方法再分解的简单物质。罗伯特·胡克设计了复合显微镜,可以观察到植物细胞。牛顿发现了二项式定理、微积分、光谱分析、

莎士比亚出生地

万有引力定律，他的成就标志着17世纪科学革命达到了最高点。

到了18世纪末，热、电、光、磁等与日常生活紧密联系的现象成了科学研究热点，日用化工、建筑、玻璃制造和运输业的发展都与人们追求舒适而体面的生活相关。实用性也体现在艺术当中，如解剖学和对色彩的研究被用于美术创作。科学与艺术的结合，即"技术"的发展，成为18世纪及以后的英国社会，也是人类社会最重要的塑造力量。

再来看英国国家层面的软实力。英国是具有绅士风度的国度，这不仅体现于个人交流，也反映在国家间的交往上。英国绅士风度的重要来源是英国的贵族精神。光荣革命前是专制王权的政治文化，光荣革命后是贵族寡头制的政治文化，英国很长时间是由贵族在引领国家。人的眼睛是向上看的，英国人崇尚精英文化，现在的英国主要是由毕业于牛津大学和剑桥大学的社会精英管理国家。牛津英语是地道的英语，能否说一口标准的牛津英语甚至是判断一个英国精英的标准。大家争相传诵圣诞节前夕的伊丽莎白二世的圣诞致辞，不只是因为她是女王，可能更想模仿她的标准英文发音。

我们前面讲过议会改革，贵族是反对议会改革的，因为他们不愿意放弃自己的权利。但是，当他们认识到民众需要民主权利，如果不答应，社会就会发生大动荡，甚至要爆发革命时，做出了妥协，让改革议案在下议院通过。在这里要注意，并不是所有国家精英阶层在关键问题上都能够像英国贵族那样识大体，为国家

剑桥的数学桥

帝国战争博物馆

着想。英国贵族精神还体现在，在关键的时候挺身而出。比如，在历史上的一次次战争中，英国人冲在前面的就是贵族。剑桥旁边的伊利古城有一座都铎王朝时期大法官家族的庄园，现在庄园成为公共参观的场所，这个家族的最后两个后代都战死在二战战场上。

英国贵族在历史上曾经代表国家，贵族精神潜移默化地成为国家崇尚的精神。贵族从社会中得到了很多东西，社会精英也是如此，得到就要付出，有权利就要承担相应的义务，这是一种古老的契约精神，也是英国人的普遍观点。

绅士风度还源于英国独特的国家地位。英国的强大跟美国的强大不一样，美国强大是咄咄逼人，不听它的就举大棒制裁你，在今天甚至还要发动经济战贸易战。英国在走向世界顶峰的时候，军事实力并不比法国、德国、俄国等欧洲国家强多少，即便在经济上很强大，对待欧洲强国还是要平和协商，通过外交和智慧取胜，而不是通过武力达到目的。这就是绅士文化的一种体现，我厉害，但是我礼貌。当然，英国不是在任何时候都那么彬彬有礼的，比方说1840年，英国用炮舰打开了中国的大门。但是从整体来讲，英国人对外交往的时候，往往体现出一种绅士风度。

英国人说话委婉，不直接，但听后觉得其意思非常明确。有一次，我和英国教授艾伦·亨特（Alan Hunter）一起去伦敦接受英国外交部官员的约见。我们从考文垂乘火车到伦敦的尤斯顿火车站，然后转地铁到外交部，同时买了返程的地铁票和火车票。

当我们从外交部返回的时候，艾伦问我："我们是坐地铁，还是走到尤斯顿？"这个问话很有意思，如果说他要乘地铁，我们来的时候就乘的地铁，回程地铁票也买了，他没必要问我。如果说他要走回去，他干嘛不直接说，不坐地铁了，我们走过去吧。后来我才知道，他如果这样说就不是英国人，或者说不是一个有文化的英国人。他这样问你，其实他的意思是很明确的，但是他要让你来做决定，他在引导你。

那是 2003 年，我第一次去英国，对英国文化没有非常直观的把握。我感觉他想走回去，就试探性地问了一下："走回去有多远呢？"艾伦回答说，"不远不远，只有几分钟"。这下我就能断定他的意思了，所以我说，"走过去吧，这样可以呼吸新鲜的空气"。他接着说，"还可以看看街道两旁的风景"。他是英国人，自然是陪我看伦敦风景。这就是英国的文化，你没有一种被强迫的感觉，虽然他在引导你做他想要的选择，但充分考虑了你的需求。

那次外交部的约见，接待我们的是英国外交大臣的特别助理。当时正值伊拉克战争时期，我提了一个有关伊拉克的问题。我说"美国打伊拉克，中国人能够理解。可是英国跟着美国打伊拉克，我们想不通"。在英国历史上似乎没有发生过这样的战争，伊拉克没有入侵英国，也没有伤害英国的安全，在英国历史上从来不打这样的仗。"而且，英国在二战以后已经衰落了，其他的欧洲国家也没有参加这场战争，英国为什么参加呢？"

英国外交官听了我的问题后，他应该是不会高兴的。这是英

艾伦与作者在英国合影

火车站台的便利书店

国的决策，我作为一个普通中国人去质疑他，他完全可以针锋相对地说，英国这样做是对的，因为它打击的是一个极权国家，萨达姆是一个专制主义者。但他没有，首先他说，"美国是当今世界上最强大的国家，美国决定要做的事情，任何国家反对都不可能阻止美国的行动。比方说在欧洲，在近期出现了这么几件大事……，在美国没有加入之前，我们欧洲解决不了，可是美国一加入，事情全摆平。英国为什么要加入伊拉克战争？英国加入是要让美国沿着正确的方向前行"。这话的意思是，美国打伊拉克，英国不放心，世界也应该不放心，可是又不能阻止美国打这场战争。那么怎么办？英国要来引导这场战争，我们要按照正确理念打这场战争。

然后他继续说，"我们英国确实如刘先生所言，跟其他一些国家相比，跟历史上相比，现在不那么强大了。但是在科技上，英国……依然是领先者，在军事上……依然是世界领先者"。你可以感觉得到，英国人骨子里的那种骄傲，认为自己是完全不可以被忽视的大国，英国的文化里有英帝国的遗产。但如果他停留在这段话上，他就不是英国外交官了。他继续说，"当然，跟中国这样的国家相比，英国是个小国家。所以在伊拉克战争问题上，我们还欢迎中国、印度这样更大的国家加入进来"。你看，他把皮球踢给我了，尽管他没有指责我，可是我能感觉到他的指责。我刚才确实在指责他，你凭什么要打这场战争。最后转为他来指责我，你为什么不加入这场战争？虽然他语言上没有这样说，可是他的意思非常清楚,非常明确。

英国的绅士风度不仅仅是礼貌这些表层的东西,它有国内和国外的各种历史原因,现在已经成为英国的一种民族精神。

最后简单提下国际层面的软实力。英国曾经称霸世界100年,建立了"日不落"的大英帝国。在那个时代,英国通过殖民地、工业文明对其他国家产生了巨大吸引力,向外输出自己的文化,这种文化影响力一直持续到现在。讲到这里,我们必须要讲英国王室,世界上还有哪个家族有英国王室的影响力?大到戴安娜王妃去世,小到伊丽莎白二世的爱犬,以英国王室为题材的各种新闻和电影,都引得大家争相关注。

伊丽莎白二世的家庭成员

第二十章 称霸世界的软实力

英语是一个最简单的例子。印度跟中国比，在计算机软件方面发展更快，因为英语是印度的官方语言，而计算机的软件语言是英语，在这点上印度人就少了很多别人要面对的麻烦，虽然他们的发音不见得比别人更好。

英国就是凭借硬实力和软实力，在19世纪站在了世界的最顶峰。英国人带着站在世界顶峰上的辉煌和骄傲，迈入了20世纪。进入20世纪之后，因为英国带动的全球工业化浪潮，以及与之相伴的欧洲大国之间的竞争，最终爆发了世界大战，而英国就是在第一次世界大战以后走向衰落的。下一章我们介绍第一次世界大战以及两次大战之间的英国。

第二十一章
从战争到战争：
表面光辉的帝国如何走向衰落

在 19 世纪，英国政府极力维护欧洲的和平和世界和平，因为和平有利于英国的全球贸易。1914 年，第一次世界大战爆发，英国在战争后开始衰落。第一次世界大战无论是对英国，还是对世界都产生了非常深刻的影响。这一章我们讲第一次世界大战对英国的影响，以及一战和二战之间的英国。

19 世纪最后的 30 年，欧洲列强掀起瓜分世界的狂潮，激烈竞争造成彼此矛盾的激化，形成很多的积怨，这是第一次世界大战爆发的根源。到 19 世纪末，欧洲人就感到战争危机在不断加重，欧洲的上空乌云密布，战争随时可能爆发。各列强在争夺各自利益的过程中加大筹码，相互结盟。到了 20 世纪初，欧洲形成了两大军事集团——德国、奥地利和意大利组成"同盟国"，法国、俄国和英国组成"协约国"，两大集团之间用盟约相互保障，任何一个同盟国与一个协约国发生军事冲突，就有可能引发两大集团之间的对立，引起世界大战，当时欧洲人非常担心战争随时爆发。

第一次世界大战的导火索在巴尔干地区。我们先谈一谈巴尔干地区的情况，以便对下面的内容有更好的理解。

巴尔干地区是欧洲南部的三大半岛之一，被称为"巴尔干半岛"，位于南欧的东部，总面积50万平方公里，处在欧洲、亚洲和非洲这三大陆之间。

巴尔干半岛包括阿尔巴尼亚、波斯尼亚、黑塞哥维那、保加利亚、希腊、马其顿等国家的全部国土，以及塞尔维亚、黑山、克罗地亚、斯洛文尼亚、罗马尼亚、摩尔多瓦、乌克兰与土耳其的部分土地。

巴尔干半岛在历史上长期处在奥斯曼帝国的统治之下，有500年的时间，居民以斯拉夫人为主。从19世纪晚期到20世纪初，

同盟国与协约国形势图

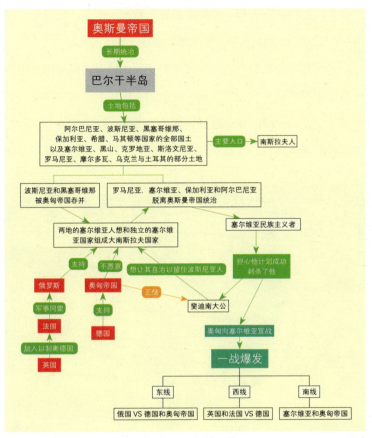

一战纠纷始末示意图

罗马尼亚、塞尔维亚、保加利亚和阿尔巴尼亚相继摆脱了奥斯曼帝国的统治，获得独立地位。此后不久，奥匈帝国吞并了波斯尼亚和黑塞哥维那，两个地方的主要人口是塞尔维亚人，他们希望跟前不久已经独立的塞尔维亚国家结合起来，共同组成一个大的南方斯拉夫人国家。这一举动受到俄国的支持，因为俄国一直以斯拉夫人的保护人自居，也想称霸整个欧洲。于是，俄罗斯和奥斯曼帝国发生了几次战争，目的就是争夺该地区的土地。

奥斯曼帝国是欧洲通往印度洋和亚洲的陆上必经通道。由于奥斯曼帝国的衰落和巴尔干地区民族国家的兴起，独立国家和奥斯曼帝国之间冲突不断，欧洲列强为争夺领土明争暗斗。巴尔干地区的战略重要性，以及涉及基督教、东正教、伊斯兰教之间的

萨拉热窝刺杀事件

为什么要刺杀奥匈帝国的皇太子？

斐迪南大公认为，如果给塞尔维亚人自治权，建立奥地利－匈牙利－波斯尼亚三元帝国，他们就会愿意留在奥匈帝国，而不是回到塞尔维亚去。他继任皇帝后可能实施该构想，这将重创大塞尔维亚计划。

宗教矛盾，民族问题，大国争霸等等，这些问题造成巴尔干地区矛盾重重，战争危机四伏。1914年6月28日，萨拉热窝刺杀案发生，成为第一次世界大战的直接导火索。

刺杀案凶手普林西普是波斯尼亚人，是个塞尔维亚民族主义者。斐迪南大公是奥匈帝国的皇太子，他视察波斯尼亚时被刺杀致死。此时，塞尔维亚已经独立，波斯尼亚还被奥匈帝国占领，波斯尼亚人口中有一部分是塞尔维亚人，塞尔维亚希望波斯尼亚和塞尔维亚合并，建立一个大塞尔维亚共和国，这威胁到奥匈帝国的完整性。奥匈帝国生活水平高于塞尔维亚，波斯尼亚的塞尔维亚人想回归塞尔维亚，不是因为生活不如在塞尔维亚的同胞，而是他们在奥匈帝国被视为二等公民。

刺杀事件发生以后，奥匈帝国向塞尔维亚宣战。俄国支持塞尔维亚，德国站在奥匈帝国一边。在德国卷入战争以后，法国由于和俄国之间有军事同盟，加入俄国和塞尔维亚阵营。在这种情况下，英国的选择很重要。此时德国已经是欧洲大陆第一强，成为英国最大的挑战国。前面讲到，谁是欧洲大陆第一强，英国就要团结其他国家打击这个第一强。所以当时的英德矛盾是第一次世界大战期间最主要的一对矛盾，德国是最大的新兴大国，英国是最大的守成大国，它们的矛盾最大，利益交锋最激烈。

第一次世界大战有三条战线：东线主要是俄国与德国和奥匈帝国开战。西线是英国和法国与德国开战。南线或巴尔干战线主要是塞尔维亚和奥匈帝国的战争。西线是主战场，战争最激烈，英法联军和德军都投入了几百万的兵力,进行了一场世界历史上空前的消耗战。到了1918年,同盟国坚持不住了,人力和财力消耗殆尽。英国底子很厚,又有法国的合作,加之美军投入西线战斗改变了战场的态势,第一次世界大战协约国最终取得胜利。

战争初期,这只是一场两国之间的局部战争,两大集团的参战使其演变成了一场欧洲战争,"日不落"帝国英国的参战又使战争变成世界性的整体战争。英国在战争中元气大伤,整个英帝国卷入了战争,投入兵力达到960万,其中600万是英国本土年轻人。英国的军费开支达到100亿英镑,承受了从未有过的经济损失。在战后,英国丧失了海上霸主地位,金本位制度被终止,本

伦敦塔桥下纪念一战烈士的陶瓷罂粟花

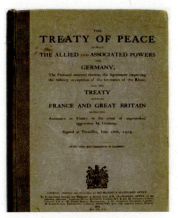

《凡尔赛条约》封面图

国财政平衡被破坏，自由贸易政策受到了很大侵蚀，经济结构遭到了重大破坏。不过，在战争结束以后，西方列强签订了《凡尔赛条约》，战败国的殖民地被战胜国以委任统治的形式瓜分，英国在战争中付出代价最大，也分得了最大的一份。

从表面上看，英国在第一次世界大战后的殖民地扩大了，达到了英国殖民地历史上的最高点。特别是德国在东非的殖民地转给英国托管，英国长期希望贯通开罗到开普的计划终于实现。一战结束以后，英帝国似乎比以前更强大。但是，这种表面的强大掩盖不住内部的虚弱，一战中英国损失惨重，无论是军事还是经济都遭到了巨大创伤。而且，在战争以后，英帝国内部离心趋势不断加强。

在一战以后，时代已经变了，英国依然坚守自由放任指导方针，这是造成经济不景气的一个主要原因。1929年到1933年，世界上又爆发了经济大危机。这场经济大危机在美国首先发生，由于英国在国际贸易和国际金融业的全球地位，它很快感受到大危机的影响，传统的工业部门的出口出现了萎缩。到世界危机结束的时候，英国的新兴工业只占英国工业总投资的3%。英国失去了过去传统工业的优势，又没有迅速建立起新的优势，投资锐减，生产大幅下降，失业人口攀升，有形贸易出口下降1/3，无形贸易收入也急剧减少，财政赤字增大，预算平衡被彻底打破。英国不得不改弦更张，采取关税保护主义，放弃了长期坚持的自由贸易政策。这是不得已而为之，伤害自己，也伤害别人。

在大危机下，希特勒在德国上台执政，纳粹德国重整军备，咄咄逼人，战争乌云又开始集聚。在这种情况下，英国不想再遭遇第一次世界大战的痛苦经历，主张绥靖主义，无原则退让安抚希特勒，以换取暂时的和平，和平主义成为战后英国一种主导的思潮。历史证明，绥靖主义政策不仅没有阻止战争，相反助长了战争的爆发，留下了深刻的历史教训。第一次世界大战没给世界带来永久和平，在战争结束近20年后，人类爆发了第二次世界大战。

英国在第一次世界大战后开始步入衰弱，但表面上维持着更大地盘的"日不落"帝国，英国米字旗在全球各地飘扬。但是，二战以后英国开始加速衰弱，英帝国也解体了。下一章我们讲第二次世界大战与英国。

第二十二章
从绥靖到反击：二战中英国的华丽转身

第一次世界大战是人类历史上的一次浩劫，没有人比那些经历过战争的人更加渴望和平。在战争之后，没有人愿意再一次经历世界大战，他们采取一切手段维护战后来之不易的和平。可是，仅仅过了20年的时间，第二次世界大战就爆发了。英国为第二次世界大战做出了巨大贡献，可是英国正是在二战以后真正衰落的。这一章我们讲述英国与第二次世界大战。

第二次世界大战的爆发原因就涉及《凡尔赛条约》。第一次世界大战结束后，战争各方签订了《凡尔赛条约》，确定德国承担所有战争责任。战争赔款超出了德国的承受能力，德国的国内生产总值全部作为赔款也不够支付。德意志领土曾长期高度分裂，德国在1871年才完成国家的统一，好不容易统一起来的国家，根据条约失去了1/8的土地和1/10的人口。这就激起了德意志民族主义的复兴，也是后来希特勒上台的一个重要的原因。

英国首相劳合·乔治私下承认,《凡尔赛条约》为20年以后的战争埋下了伏笔。面对这样一种不可能兑现的战争赔偿,德国人要么不遵守条约,要么发动战争推翻条约。英国外交大臣也说,该条约不会带来和平,只是一份为期20年的休战书。美国总统威尔逊看到这份协议后说,如果我是德国人,我绝不会签署这份协议。

《凡尔赛条约》的主要目标,就是以法国为代表的战胜国要把德国彻底整垮,防止德国日后东山再起。希特勒上台后的演讲,首先就是大骂犹太人,然后再大骂《凡尔赛条约》。他认为犹太人让德国经济变得不好,《凡尔赛条约》使德国人失去了土地和财富。

希特勒认为,英国、法国在欧洲之外有大量殖民地,德国就要在欧洲占据领土,直接从欧洲大陆获取原材料和市场。于是,希特勒政府大力进行军备扩张,进军莱茵河非军事地区,武装干涉西班牙内战,吞并奥地利,在欧洲展开了一系列咄咄逼人的扩张行动。

希特勒的大肆扩张活动没有遭到英法的有效反击,英国和法国也知道一战后对德国的制裁有点过分,且欧洲刚刚经历过世界大战,如果再次爆发战争,将会造成更大的痛苦。于是,它们对希特勒采取"绥靖政策",希特勒的胆子也越来越大。与此同时,法西斯意大利入侵埃塞俄比亚,日本侵略中国,世界和平遭到了最大的威胁。英国和法国是世界强国,它们没有去履行维护正义的原则，相反推行害人害己的绥靖政策。美国此时也没有采取任何措施，日本发动了针对美国的珍珠港事件后，美国才被迫宣战。

绥靖政策的最大高潮是慕尼黑协定。1938年初，德国对捷克斯洛伐克提出领土要求，要占领苏台德地区，捷克政府不同意，德国以武力威胁。法国和捷克有援助协议，英国和法国也签有盟约，所以法国和英国对捷克斯洛伐克负有支援义务。可是，英国和法国实行绥靖政策，想要不惜一切代价保住欧洲的和平。

1938年9月3日凌晨，德国、意大利、法国和英国的政府首脑在德国慕尼黑签订了一个协议。在捷克没有代表参会的情况下，四国肢解了捷克斯洛伐克，把苏台德地区割让给德国。英国向希特勒政府让步，满足希特勒扩大领土的野心，牺牲捷克斯洛伐克的利益，最主要的原因是为了避免战争，保住欧洲的和平。这种出卖小国利益的行为，当时不仅没有遭到一贯标榜正义的英国人的指责，签订协议的张伯伦还作为大英雄受到欢迎，因为他被视为和平使者，保证了英国和平，欧洲战争的阴影被他消除了。

不到半年时间，希特勒撕毁慕尼黑协议，吞并了整个捷克斯洛伐克。1939年9月1日，德国入侵波兰，绥靖主义遭到彻底失败，英国被迫向希特勒宣战，第二次世界大战全面爆发。德国早

第一次世界大战后，奥匈帝国被一分为三：奥地利、匈牙利和捷克斯洛伐克。苏台德地区归属捷克斯洛伐克，当地350万讲德语的居民从奥匈帝国的主体民族降为捷克斯洛伐克的少数民族。苏台德地区问题由此而起。纳粹德国以苏台德为题，向第一次世界大战后的欧洲格局进行挑战。

就做好了战争准备,在战争初期,德国迅速占领了北欧和西欧大部分地区,英国很快成为孤岛,一个孤零零的英国和一个强大的德意志第三帝国要在战场上正式对决了。在战争的巨大压力下,首相张伯伦下台了,这位所谓和平的英雄,不能把英国引向胜利,他也承受不起如此巨大的战争重担。在这个节骨眼上,丘吉尔临危受命,出任英国战时内阁首相。

可是,在丘吉尔就任首相之前的几个月,英国人还把丘吉尔当作一个战争贩子。在签订慕尼黑协议后,英国人举手相庆。丘吉尔却警告说:"我们未经战争就失败了,不要以为事情就这样结束了,这只是一个惩罚的开始,而且仅仅是我们英国人吞下的第一杯苦酒。除非我们重振士气和军威,再度崛起,一如既往地坚持我们为自由而战的立场,否则我们将年复一年地品尝这杯苦酒。"

丘吉尔的预言是正确的。1940年5月10日,英国国王乔治六世宣布由丘吉尔组建内阁政府。当天丘吉尔说,他就好像正在和命运一起前进,他以往的全部生活,不过是为了这个时候承担这种考验而进行的一种准备。丘吉尔是一个伟人,他为赢得第二次世界大战胜利做出了巨大贡献,拯救了英国,拯救了欧洲,拯救了世界。

丘吉尔庄园非常大,视野能及的是丘吉尔家,看不到的地方还是丘吉尔庄园。丘吉尔之所以能成为那样一个世界级的领袖,有那样的世界眼光,或许与他出生和生长的环境有关。他能从一

丘吉尔庄园

个更宽广更宏大的视野和角度考虑问题。所以,一个人有钱有文凭是不够的,还要有见识,世界很大,要出去看一看,年轻时期的经历很大程度上决定了一个人未来的方向。

然而,丘吉尔此时接手的是一个烂摊子。就在丘吉尔接任首相的同一天,德国军队已经越过荷兰和比利时的边界,发动了对西线的全面进攻,情况十分危急。丘吉尔走马上任后立即组建战时联合政府,他本人兼任首相和国防大臣,开启了丘吉尔人生最辉煌的时刻。

丘吉尔是一位战时首相,打仗很有一套,但他还是历史学家、画家、演说家、文学家,获得过诺贝尔文学奖。诺贝尔文学奖的颁奖词这样写道:丘吉尔成熟的演说,目的敏锐准确,内容壮阔动人。也许他自己正是依靠伟大的演说,建立了永垂不朽的丰碑。

作画中的丘吉尔

丘吉尔的 V 手势

丘吉尔天才的演说才能，在他的就职演说中淋漓尽致地表现出来。就任首相第三天，他向下议院发表了一篇简短的就职演说。

他说："我没有别的可以贡献给大家，我只有热血、眼泪和汗水。

"你们问：我们的政策是什么？我说：我们的政策就是用上帝所能给予我们的全部能力和全部力量在海上、陆地上和空中进行战斗，同一个在邪恶悲惨的人类罪恶史上从来没有见过的穷凶极恶的暴政进行战争。这就是我们的政策！

"你们问：我们的目的是什么？我可以用一个词来答复——胜利。不惜一切代价去争取胜利，无论多么恐怖也要去争取胜利；无论道路多么遥远和艰难，也要去争取胜利。因为没有胜利，就不能生存。"

说完，丘吉尔用食指和中指比出了一个V，英文"胜利"的第一个字母。

丘吉尔上任后成功实施了第一个军事大动作，把围困在敦刻尔克海滩上的35万英法联军解救出来。德国知道英国的强大，自觉短期内打不败英国，于是向英国伸出了橄榄枝，提出两国签订和平条约，被英国断然拒绝，于是德国决定对英国实施空中打击的"海狮计划"。

英国拥有最强大的海军，可是在已有空军的时代，如果领空被控制，海军再强大其威力也无法显示。德国一旦在空战中获胜，形成对英国的制空权，那么英国岛内的资源出不去也进不来，英

被轰炸的考文垂大教堂

国必将在后续战争中处于严重不利局面。

在整体上,英国空军不如德国,英国的优势是雷达先进技术,这在当时是一种秘密武器。英国皇家空军英勇抗敌,最终赢得了胜利并永载史册。在这场规模空前的不列颠空战中,英国空军战斗员伤亡巨大,新的战斗员在几周短期突击训练后,就要飞向蓝天作战,很多人一去无返。战争结束后,丘吉尔满怀深情地说了这样一段话:"在人类历史上,从来没有这么多的人,对这么少人,亏欠了这么多。"英国二战时期的殉难城市考文垂有一个战争公园,里面立有一块碑,纪念战争中牺牲的英国空军战斗员。

"海狮计划"空袭的首要目标就是军需工业中心考文垂。1940

年7月、1940年11月、1941年4月,考文垂经历了三次集中轰炸,全城基本被摧毁,是英国遭到空袭最惨重的城市,"考文垂"在英文中成了"极度毁灭"的同义词。但这场战役对第二次世界大战有着决定性的影响,英国在单独和德国的抗争中坚持了下来,为反法西斯战争的继续进行创造了条件,也奠定了打败德国的心理基础。

在陆地上,英国和希特勒德国也展开了殊死搏斗。在著名的阿拉曼战役中,英军消灭了敌军6万人,而己方伤亡只有8000人,奠定了北非战场的胜利。1941年夏天开始,战争发生了重大转折。6月,德国入侵苏联,苏联向德国宣战。12月,日本偷袭珍珠岛,美国对日宣战。之前的英国压力很大,因为只有英国在

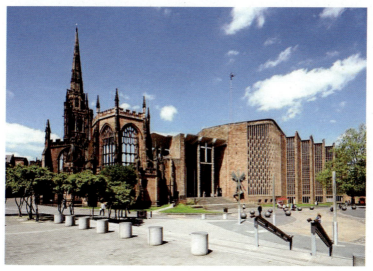

新建的考文垂大教堂

考文垂大学和平学中心

考文垂大学的和平学中心创办时只有3人,现有90多名全职学者,50多名博士生,设有多个硕士生课程。中心原名"宽恕与和解研究中心",2005年改名为"和平与和解研究中心",2014年又改为"信任、和平与社会关系中心"。

抵抗强大的德国,丘吉尔晚上一般很难入眠。当丘吉尔得知日本偷袭珍珠港的消息后,他安然入睡了,他知道美国必然向日本开战,站在英国一边抗击法西斯阵营。

从这个时候起,英国不再是孤军奋战,它有了苏联和美国两个最强大的盟友。1942年1月1日,英国、美国、苏联、中国等26个参战国家发表了联合国家宣言,标志着世界反法西斯统一战线正式形成。此后,盟军开始大反攻。1945年5月,德国投降。8月,日本投降。

战争历时6年,最终以世界反法西斯战争的胜利告终,英国再次成为胜利者。这是英国人民的胜利,在战争中,英国人上到国王,下到百姓,齐心协力,能出钱的出钱,能出力的出力,为赢得这场正义战争做出了巨大贡献。在战争最激烈的日子里,国王和全家以各种方式参与战争。乔治国王晚上住在温莎城堡,白天去白金汉宫,拒绝政府让他到外地躲避的安排,坚持与人民在一起。当时年仅14岁的国王长女伊丽莎白公主和其妹妹,也参加了妇女辅助队,为战争的胜利做出了贡献。

英国妇女二战纪念牌

英国在这场大战当中损失巨大，还欠下了 35 亿美元的贷款，很多贷款是美国的，战后要还。其黄金、美元的储备和海外资产，在战争当中几乎消耗干净。战后的英国实际上已经一贫如洗了，多年积累起来的厚实家底破产了。丘吉尔在战争时期就认识到了英国国际地位的变化，他在德黑兰与斯大林、罗斯福开会时说，"我第一次发现英国是一个多么小的国家，我发现我的一边坐着一只巨大的俄国熊，另一边是一头巨大的北美野牛，而中间是一只可怜的英国小毛驴"。战争结束以后，美国和苏联成为两个世界超级大国，英国相对衰落下去，不再引领世界潮流。下一章我们讨论英国衰落问题。

第二十三章
什么是英国衰落的标志

上一章,我们讲到英国是第二次世界大战的胜利者和贡献者。然而,英国却在二战以后衰落下去了。学术界有关英国为什么衰落的原因有很多的解释,比如,大战对英国经济的破坏,英国企业家精神的丧失,英国的保守主义文化的影响。一个重大事情的发生,其原因总是多种多样的,但我们认为英国的衰落有一个根本的标志,即英国自由放任政策的终结。自由放任长期是英国强大的思想基础,然而在19世纪后半期以后,自由放任政策在英国不断被修改,最终在二战后终止了。

英国自由放任的丢失主要表现在三个方面。

第一,古典自由主义向新自由主义的转变。亚当·斯密和李嘉图是古典经济学的代表人物,他们主张自由放任学说。在古典主义自由放任学说的支撑下,英国开始走向强大,自由放任也成为强盛时期英国经济政策的指导思想。在亚当·斯密生活的时代,以及之后的一段时期，自由放任成为英国人的一种必然和理性的选择，无须讨论自由放任的不适应性，似乎只要坚持它，英国就会保持强大。

但是，从经济理论来讲，至少在两种情况下，政府支配比自由放任更有优势。其一，只有采取政府措施，才能更好更快地将有效资源进行科学化的分配。其二，在教育、医疗、水利、电力等特殊领域，很难得到经济的回报，必须由国家采取统一行动进行投资建设，才能解决效率和公平的问题。德国能够后来者居上，很多方面在19世纪末超过英国，正是采取国家力量发展经济的结果，对英国的自由贸易形成了挑战。苏联用国家的力量迅速赶超欧洲现代化国家，成为世界两个超级大国之一。中国改革开放的实践也证明，社会主义制度优势能办大事。

到了19世纪后期，认为不需要国家干预的自由放任学说开始遭到质疑，英国开始从古典自由主义向新自由主义转变，涌现出一批著名的新自由主义代表人物。约翰·密尔认为国家或者政府有保障公民自由的责任。托马斯·格林被称为新自由主义的奠基人，他提出了积极自由的概念，认为国家的积极作用是一种真正自由的需要，主张以政府干预式的自由来代替自由放任式的自由。霍布豪斯认为以平等为基础的自由才是真正自由，只有国家通过改革才能为公民的自由提供社会条件，霍布豪斯还提出了社会福利问题，为二战以后英国福利国家的发展奠定了经济理论基础。

英国福利国家起源的主要经济框架是凯恩斯理论。凯恩斯理

> 凯恩斯是宏观经济学之父。他认为只有依靠政府对经济的全面干预，才能摆脱经济萧条和失业问题。政府通过扩大公共工程等方面的开支，增加货币供应量，实行赤字预算来刺激国民经济活动，以增加国民收入，实现充分就业。其主要代表作为《就业、利息与货币通论》。

论引起了一场经济学上的真正革命，从根本上否定了从亚当·斯密开始的自由放任经济学说。凯恩斯理论提出用国家财政政策对国家经济进行干预，国家通过各种手段刺激国民消费，达到充分就业，消除贫困问题。国家的作用在凯恩斯理论中被特别强调。凯恩斯理论的全面实施标志着自由放任的时代在英国彻底结束。

第二，从无形帝国政策向有形帝国政策的转变。我们在前文提到无形帝国和有形帝国，这里再做进一步的讲解。在19世纪70年代以后，英国已经失去了工业的完全垄断地位，欧洲强国的产品挤入国际市场。而且，德国和法国不断地在全球进行殖民扩张，西班牙、比利时、荷兰也在全力保护自己的殖民地。如果英国还坚持自由贸易或者开放帝国市场，就会将自己处于不利的竞争境地。于是，英国人对自由党政府的无形帝国政策提出了质疑，有形帝国政策在英国开始重新占据主导地位。

英国首相格拉斯顿是无形帝国政策的坚定支持者，在当时流传着关于他的笑话说："如果格拉斯顿先生掉进了泰晤士河，这是一件不幸的事情。但是如果有人把他救上岸的话，则会引起一场灾难。"但是，格拉斯顿也承认，"帝国情绪是每一个英国人与生俱有的"。对英国老百姓来说，英帝国意味着物美价廉的生活用品、就业机会以及民族的自豪感。对于英国的传教士来讲，英帝国意味着可以提供传播福音和西方文明的机会。对于英国商人来讲，英帝国意味着发财致富。对于英国官员来讲，英帝国意味着个人发迹和升迁的机会。对政治家来讲，英帝国是与财富、荣耀、威严和强大联系在一起的。

经历了长期的帝国强盛，帝国的情结已经注入了英国人的血液当中。即便今天英国已经衰落了，你在和英国人打交道的时候，依然可以感觉到英国人的帝国情怀。英国是个岛国，海外贸易是立国之本，而帝国是对英国海外贸易的一种保证。在这一点上，英国人没有分歧，这是英国人的一种共识。

英帝国的初期创建依靠的不是国家力量，在开拓殖民地的过程中，英国的工厂主、商人走在了国家的前面，英国政府后来接收了殖民地，没有付出太大的代价。因此，一旦发生为保护这些殖民地国家必须付出代价的情况，英国政府在殖民地问题上的争论和犹豫就出现了。

无论如何，在19世纪后期，英国的能力与其他欧洲强国的水平开始接近，无形帝国的基础已经失去了。坚持过时的理论，还是关注现实利益，英国政治家一定选择后者。因此，尽管有形帝国有悖于英国传统的自由放任思想，但巩固和发展有形帝国是一种无奈选择。

第三，从自由贸易政策转向国家干预政策。长期以来，自由贸易是英国的主流经济政策，关税则是自由贸易的核心。一直到

20世纪30年代,世界大危机发生之前,英国超过80%以上的进口商品仍然是零关税。

在大危机的打击之下,英国零关税政策再也实行不下去了。英国议会通过了《进口关税法》,规定除了英国没有或者短缺的原材料,比如小麦和肉类,对其他所有进口商品都要征收进口税。人们认为,只有进口关税法政策才能够挽救英帝国,也才能拯救英国的经济。

一战时,英国对经济的管控也对自由放任思想形成了巨大冲击。自由党坚持自由贸易和自由放任政策,在一战结束以后,老牌的自由党被新秀工党取代,自由党被淘汰出英国两大政党之外,最后在1988年,自由党与社会民主党合并为"自由民主党"。在第二次世界大战中,英国出台了《贝弗里奇报告》,报告为二战以后构建现代福利国家确定了蓝图。凯恩斯理论、《贝弗里奇报告》都包含了集体主义或者国家干预的思想,国家干预的思想在二战之前就存在,但是二战使得这一概念上升为一种明确的国家经济发展的指导思想和战后重建原则。

二战彻底改变了英国人的思想和观点。正是在二战以后,英国人接受了积极政府的概念,不愿意再恢复古典自由主义基础上的最小化政府。人们认为,在二战以后,政府在经济和国民生活中应承担更大的责任,政府不仅要维护公民的政治和经济自由,还要保护公民的经济安全。

英国的强大和自由资本主义连接在一起,英国时代是自由资

威廉·贝弗里奇

《贝弗里奇报告》有关社会保障的四个原则
· 满足全体居民不同的社会保障需求
· 确保公民最基本的生活需求
· 统一缴费标准、支付待遇和行政管理
· 享受社会保障以劳动和缴纳保险费为条件

本主义的时代。自由放任在英国兴起,是国家的立国之本,英国人曾希望可以永远地保留自由放任。但是,时代终究是变了,随着其他国家纷纷走向工业化道路,英国已经失去了政治、经济、军事的优势地位和领导能力。在无奈之下,英国逐步放弃了自由放任的理论和实践,英国也不再领导世界的潮流,只能跟随别人的潮流而动。

丘吉尔是二战胜利的英雄,可在战后英国举行的第一次大选中,他却失败了。工党获得了压倒性的胜利,工党领袖艾德礼当选英国的新首相。英国人民付出了巨大的战争代价,胜利是人民的胜利,英国人民希望在战后能够获得回报,期盼英国在战后创建一个全新的福利国家。下一章我们讲英国现代福利国家的构建问题。

第二十四章
国家如何承担个人无法承受之重

上一章,我们谈到了英国衰落的根本标志,在19世纪的后期,英国放弃了自由放任的思想和自由贸易的国策,国家的作用开始被强调和重视起来。这一章,我们介绍福利国家的构建问题,国家的作用在这个问题上得到了集中的体现,而英国是世界上最早建立现代福利的国家,对英国社会以及其他国家都有重要的意义。

电影《我不是药神》里一位患病老人有一段令人听后难忘的话:"四万块钱一瓶药,我病了三年,吃了三年药。为了买药,房子没了,家人也拖垮了。我不想死,我想活着。"这部电影内容令人深思:一个人因为年老患病或某种突发性灾难等原因,失去了支撑自己或者照顾家庭的能力,社会应当为个人承担什么责任?

现代福利国家就是要解决这个问题,即通过制度性安排解决个人无法承受之重。英国是世界上第一个现代福利国家,一个人的生老病死、衣食住行都有基本的社会保障，因此也就无须多存钱。

我认识一对英国夫妇，他们是退休的大学老师，也是我的和平学启蒙老师。丈夫安德鲁工龄长，是正教授，月退休金2400英镑；妻子卡罗尔工龄短（英国和美国双重国籍），是高级讲师，月退休金600英镑，二人合在一起3000英镑，在英国可以过上体面的退休生活。有一次，我们谈到了英国福利问题，他们用自己的例子给我做讲解。丈夫说：“我死了以后，卡罗尔可以拿到我的一半退休金。"也就是说，万一丈夫先去世了，妻子每个月有1800英镑的收入，依然保持原有生活水准不下降。安德鲁还幽默地说道，"我是有价值的"。我听后触动非常大，是啊，他确实有价值，不仅活着对他妻子有价值，即便死了也有价值，这也正是福利制度的价值所在。从这个事例可以感受到英国的福利制度对一个人一生的影响。

福利国家的本质就是国家对社会问题进行干预，是用国家的力量调节财富分配。从这个角度来看，这就是对英国传统的自由主义理论的一种修正，也可以说是对自由资本主义的一种否定。当然，英国构建福利国家，经过了大概500年的漫长过程，最终才发展到今天的现代福利国家。

英国政府对救济问题的干预是从16世纪都铎王朝时期开始的。都铎王朝是民族国家构建期，国家开始承担社会的责任。亨利八世通过宗教改革取消了修道院，过去社会救济工作很多是通

安德鲁、卡罗尔和作者的合影

过教会、修道院来进行的。现在教会的财产被国家没收了，出现了很多贫困问题、流民问题得不到解决，影响到英国社会稳定。都铎政府加强干预救济问题，颁布了若干个济贫法，将济贫措施分为三类：第一，没有劳动能力者，包括年老、体弱或残疾人，由国家提供救济。第二，有工作能力者，由政府强制性安排工作。第三，有工作能力而拒绝工作者，被安置到济贫院进行院内救济，济贫院的男性和女性分开居住，不能按家庭生活在一起，被形容为穷人的巴士底狱。

济贫的钱从哪里来？济贫法规定，每个人都要交纳济贫税。济贫制以教区为单位实行救济，每个教区由监督官管理贫困救济

里沃修道院（Rievaulx Abbey）遗址

里沃修道院建于1132年，是英格兰北部第一座西多会修道院。它是英国最负盛名的修道院之一，有英国现存最早的医院，始建于11世纪50年代后期。里沃修道院现在成为英国商业旅游中心。

事务，监督官员由地方任命，负责征收济贫税。每个人都要缴纳济贫税，实质上就是穷人帮穷人，但有了它，穷人遭遇不幸和灾难总有一个帮手。正是从这时候开始，英国人有了获得救济的权利，济贫不再是个人的事情，而是政府的一项重要工作。

到了18世纪后期，英国工业革命开始了，自由主义思潮开始蔓延，人们普遍认为贫困是可以通过个人的努力来克服的，也可以通过慈善组织加以帮助，不需要大规模的国家干预。在这种情况下，政府成立了一个皇家调查委员会，专门调查济贫法的实施情况，并颁布了1834年的新济贫法。新济贫法在社会上造成了一种普遍看法：接受政府救济是个人的耻辱。

19世纪中叶，英国进入光辉岁月。即便如此，英国依然有1/3的人生活在贫困线以下，而很多研究表明，很多贫困并非因为自身懒惰，而是社会环境的影响所致，比如，工人失业或者工伤事故后的致贫现象。19世纪的后期，新自由主义思潮出现，保障人的最低收入被认为是一种社会责任，社会应该为失业者提供工作养老金、疾病救济金。原有的济贫制度已经不能满足这种要求。

在工业革命时期，劳动者遭受了过去不曾有过的生老病死的严重威胁。通过19世纪的议会改革，工人阶级有了选举权，对政府形成了很大压力，阶级矛盾非常尖锐。20世纪初，自由党政府颁布了一系列的社会改革法案，目的就是缓解社会出现的危机。比如1911年的《国民保险法》，这个法案确定了以社会保险为核心的社会保障制度，由国家组织实施社会保险计划。这个保险法覆盖面非常小，只包含了若干个行业的劳动者，但它表明现代福利国家思想已经在英国付诸实践。

第二次世界大战对英国战后实行现代福利国家制度是一个重要促进因素。在二战中，英国由国家政府出面组织所有活动，包括食物供应、工作安排、物资调度等等。由于政府组织工作非常有力，在战时物资贫乏的情况下，英国人的平均营养水平反而提高了，而且没有出现饥荒现象。英国人从中得到启示，国家干预有助于实现经济效率和社会公平分配,既然在战时可以做,那么战后也可以做,而且应该做得更好。

正是在这种背景下,《贝弗里奇报告》在二战中出台了。该报告为战后"福利国家"勾画了蓝图,力图建立一个包罗万象的社会保障体系,让所有英国人都享受社会福利制度的保护。《贝弗里奇报告》出版以后,英国人纷纷排队购买,可以说家喻户晓,包括前线的军人也在阅读这个报告。《贝弗里奇报告》被视为英国现代福利国家的基石。

当然,在第一次世界大战的时候,英国也进行了国家干预,但战争结束后,保守党政府回到了自由放任的老路。在二战结束以后,英国人不想再重复过去的老路,他们期待一个新英国。丘吉尔领导的保守党没有获得二战后第一次大选的胜利。英国人不是一个忘恩负义的民族,他们把最高荣誉给了战争英雄丘吉尔,但认为工党更能领导英国人走向战后光明之路。从中可以看出英国民众的成熟度,在很多国家,很难想象丘吉尔这样的二战大英雄在战后却不能继任国家的领袖。

在1945年的大选中,英国工党向全国人民承诺将构建福利国家。在住房上"以最快的速度实施一个建房计划,直到每一个家庭都有高水平的住房";在教育上"在最短的时间内,将学生毕业年龄提高到16岁,实行成人教育和免费中等教育";在医疗卫生上"使所有人得到最好的免费服务";在社会保障上"建立全民的保险法,将人们遭遇困难时的痛苦减小到最小程度"。1948年7月

5日,《国民保险法》《国民救济法》和《国民医疗服务法》三个法案同时生效。同一天,英国政府宣布:英国已经成为福利国家。

1948年《国民保险法》第一次把覆盖面扩大到全体英国人,由国家具体操作、承担社会保障的一切责任。《国民医疗服务法》,是西方国家第一个为全体公民提供免费医疗的法案。工党内阁在讨论这个法案的时候,很多大臣认为穷人可以免费,富人要付钱。但是,卫生大臣比万坚持所有人看病都免费,当时大家想不通,为什么富人还要免费?把有限的钱用在穷人身上不更好吗?然而,比万说:"如果只有穷人免费的话,在医院付费取药窗口,人们一眼就可以看出谁是穷人,谁是有钱人。"比万认为,一个政府的医疗政策,不仅要让穷人看得起病,而且要让他们在看病的时候有尊严。比万是煤矿工人出身,我看到这段史料的时候,正在做英国工党史的博士论文,眼泪一下子就夺眶而出。比万是一位真正的社会主义者,他不仅要帮助穷人,还要让受到帮助的人有尊严。比万认为,在任何社会里,如果一个病人没有钱就得不到治疗,这样的社会就不能自称为文明的社会。贫者和富者得到一视同仁的待遇,这是医疗保健服务的要素,一个人不因贫穷而丧失权利,也不因富有而享受便利。

现代福利国家有三条标准:第一,保证个人和家庭最低收入;第二,提高人们抵抗疾病、年老、失业等带来的经济困难的能力;第三,不分经济状况和社会阶层,为全体公民提供尽可能好的社会服务。其中第三条标准打破了过去福利思想的桎梏,被认为是

安奈林·比万（1897—1960），英国左翼工党领袖，13岁开始在矿井做小工，后来在伦敦劳工学院学习两年后进入政界，克服口吃成为优秀的演说家。1945—1951年任工党政府卫生大臣，是英国从摇篮到坟墓的社会保障制度的设计师。比万一生都在为消除贫困、暴虐、政治恐惧和社会不平等而斗争。

安奈林·比万

战后福利国家的一种显著特征。由此可见，工党的福利政策不是过去济贫法意义上的道德"怜悯"，它引入了现代公民意识的福利国家的概念。从1945年一直到1976年，英国政府在创建实施福利国家政策中扮演了积极的角色，遵循一视同仁的原则，追求从摇篮到坟墓的全方位的保障。

福利国家建设需要大量的资金，资金主要来自于国家、企业和个人三个方面。归根结底，所有资金都来源于英国人的纳税，福利越好，资金需求越大，税收也就越高，这又会影响到企业效率和个人收入。20世纪70年代末，英国经济恶化，社会舆论对普惠式的福利政策产生怀疑，对由此增加的税收不满，认为福利政策没有解决贫穷问题。而且，社会发生结构性的变化，如老年人比例、单亲家庭比例、离婚率提高，人们抵御失业能力增强，福利政策遇到了新情况。

英国老龄化问题严重，生病了，在家里没有人照顾，有钱也找不到人，生活比较凄凉。英国残疾人问题解决得比较好。有一次，我在英国公共大巴上，看见有一个残疾人坐在残疾人轮椅上，向着公共汽车手摇过来。我当时纳闷，他怎么上大巴车呢？大巴司机一直等着他，等他到了大巴车门口，司机一按按钮，大巴车的门台阶变形为一个斜坡，司机下车，帮助残疾人把轮椅从坡下面推上来。大巴车有专用空位，安排残疾人轮椅。我当时很感慨，终于明白了为什么在英国能看到很多残疾人，不是英国残疾人真的多，而是社会服务保障好，残疾人能够方便地走出家庭，走向社会。

到了撒切尔政府时期，越来越多的英国人认为，福利只是个人生活出现无奈情况时的一种安全网，而不是不劳而获的安乐船。英国人开始试图将普遍性的福利模式转向选择性的福利模式。保守党政府取消了疾病和失业救济，雇主要为雇员承担疾病津贴，个人要为自己设计养老金计划，数额达到收入 4% 以上。而且，政府通过税收补贴方式，鼓励英国人选择私人养老方案，保险公司和其他金融中介机构也介入私人养老金计划。政府不再要求地方当局提供校餐；取消对已经离开全日制教育的未成年人发放儿童津贴；工作津贴代替失业救济，对 18—25 岁者提供的救济下降了 20%，更强调父母和家庭的责任。公房私有化率达到 94%（原有政府公房的租赁者多是社会底层的群体），鼓励私人自建或出租房屋，解除政府对私人租房市场的控制。

在撒切尔政府时期，战后普遍性的福利原则被抛弃了，提倡社会政策的效率，更加倾向于私人承担和选择性福利，而不是原来单纯的集体主义方式。尽管如此，在撒切尔政府改革期间，社会福利的财政支出依然逐年上升。但是，社会福利的机构发生了重组，私营化、市场化、高福利标准是英国福利政策改革的特点，社会福利政策的重点从关注相对平等，转向防止对福利的依赖。

20世纪末，工党的福利思想也发生了根本转变：经济发展在前，福利支出在后。工党主张严格控制公共支出，"不能用还没有挣到的钱"。工党政府承认市场是社会福利的前提，国家干预只作为市场不足的补充。新工党激励人们自立与自助，鼓励私人部门提供服务。但是，工党大规模采用了调查制度，这种有选择性救济的福利制度，更接近于老式济贫法，而不是遵照《贝弗里奇报告》。在福利问题上，工党在追逐权力的过程中走向了现实主义。保守党卡梅伦政府对福利制度进行大规模的缩减改革，目标就是防止依赖国家福利，减少政府支出。

现在的英国几乎没有"穷人"，你在街上看到的乞讨者不是真正的穷人，他们一般都是吸毒者。一个人如果没有工作，英国政府有责任安排住房，每个月还要发放几百英镑生活费，小孩多还有另外津贴，可以在酒吧里天天喝酒，但不可以到国外旅游。

所以，在战后现代福利国家制度的发展进程中，平等和效率依然是社会福利的挑战。福利政策关系到千家万户，半个世纪以

坐马车休闲的英国人

来,在英国已经深入人心,任何英国政府对英国福利政策的修改,只能是局部性的,不能取消,毕竟不需要任何社会福利的人只是极少数。

在二战以后,英国逐步建立了从摇篮到坟墓的全面社会保障体系。与此同时,英帝国却解体了,这是下一章的内容。

第二十五章
无可奈何花落去：帝国解体与英联邦

上一章我们讲到英国构建现代福利国家，福利国家构建和英帝国解体都是在二战以后开始出现的。不同的是，福利国家是英国人主动追求的希望，英帝国解体则是英国人被动接受的结果。英帝国解体后，英国失去了全球话语权。世界上很多曾经的帝国都解体了，比如一战以后，俄罗斯帝国、奥地利帝国和奥斯曼帝国都分崩离析了。但是，英帝国解体以后，英国又组建了英联邦。这一章我们讲述英帝国和英联邦问题。

英国是第一个走向现代的国家，引领了整个世界现代化的潮流。现代化是可以输出的，因为现代化国家可以凭借它强大的工业力量，把触角伸向世界的各个角落。英国就是凭借这种力量建立起了不可一世的英帝国。从某种角度来讲，英国的强大和英帝国的强大连在一起，互为依靠。但是，英帝国对英国的影响是双向的，积极的影响是，广阔的殖民地为英国提供了原材料、商品销售和资本投资市场,英国人享受了作为"帝国之首"的荣耀。消极的一面是,英国必须承担保护和发展殖民地的责任。所以在英帝国史上,关于英国对殖民地究竟是得到多还是付出多的问题,英国内部一直争论不休。

在19世纪末20世纪初,英国殖民地遍及全球,不管太阳照耀在地球哪一面,都有大英帝国的领土,大英帝国成了名副其实的"日不落"帝国。但是,1898年爆发的英布战争,却使得英帝国的命运发生了某种戏剧性的变化。为了争夺南非殖民地,英国和布尔人展开了一场战争,英国人最终赢得了战争的胜利,但付出了巨大的代价。

布尔战争反映了一个事实:英帝国不可能无限扩大,殖民地不是越多越好。但是,殖民地对英国的经济和大国地位极其重要,在这场战争以后,英国人更加把注意力从过去的扩大帝国转向巩

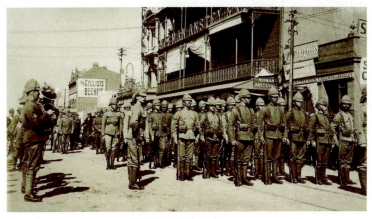

布尔战争时期照片

固帝国，把巩固殖民地作为英帝国的中心任务。

英国扩大了白人移民性殖民地的自治权，对加拿大、澳大利亚、新西兰、南非采取了宽容政策，目的是使白人殖民地保留在英帝国内，不要发生美国式的独立战争。对于像埃及、印度等非移民型的殖民地，因为当地的社会结构比较稳定，土著的统治者有一定威信和权力，英国统治者也做出妥协，增加当地人参政议政的权利，在地方事务以及次要事务方面让当地人参与管理。对香港的管理也是如此。对于那些刚刚占领不久的非洲殖民地，英国人采取拉拢利诱或者威吓屠杀等手段进行统治。英国之所以在帝国统治方式上进行调整，很重要一个原因就是英国的实力已经相对下降，英国主要在考虑欧洲事务，以及如何应对德国等欧洲强国的威胁，这些问题牵扯了英国政府大部分的精力。

但是，在第一次世界大战爆发之前，英国依然是世界上第一殖民大国，它的强国地位还没有受到根本性的挑战。除了爱尔兰等少数地区外，其他各地的殖民地给英国带来的主要是财富和荣耀，而不是烦恼和负担。英国人希望这样一种局面能够长期维持下去，因而要对殖民地出现的问题做一些调整。但是，德国不甘心在殖民扩张中坐冷板凳，它要用武力改变世界资源分配状况。于是，在各种矛盾的综合作用下，以欧洲为主战场的第一次世界大战就爆发了。

第一次世界大战唤醒了英帝国殖民地的民族主义。在大战中，白人自治领都派遣自己的军队参加战争，为战争的胜利做出了积极贡献。而且,这些白人自治领在战后参加了巴黎和会,随后成为国际联盟的成员国。事实表明,白人自治领已经具备了成立独立国家的资格和能力,它们在战后开始要求与英国平起平坐的地位,离心倾向日益增强。

其他的殖民地也要求更多的自治权利,战后殖民地爆发了民族主义浪潮。1919 年埃及发生了民众反抗,伊拉克发生了暴乱,印度也在圣雄甘地的领导下开展了声势浩大的非暴力不合作运动。可以说,第一次世界大战成为自治领和殖民地对英国离心的一种催化剂。

面对自治领不断离心的现实,1931 年,英国议会颁布了《威斯敏斯特法案》,该法案宣告英联邦的成立。在英联邦创立的初期,只包括英国和白人自治领,并不包括其他的殖民地和保护国。在一段时间之内,英联邦和英帝国是共生的。第二次世界大战对英帝国的破坏性是致命性的,英国打赢战争,却失去了帝国。英帝国的解体与战后经济的衰落是同步发生的,二战摧毁了英帝国的经济和军事基础,殖民地纷纷走向独立。客观而言,英国的殖民统治对殖民地的近代化起到了促进作用。

我们要指出的是,殖民地人民在二战期间加入英帝国的军队,

马克思对英国在印度殖民统治的评价是:"英国在印度要完成双重的使命。一个是破坏的使命,即消灭旧的亚洲式的社会;另一个是重建的使命,即在亚洲为西方式的社会奠定物质基础。"

他们为二战的胜利也付出了巨大牺牲，做出了巨大贡献，否则英国不可能打赢这场战争。殖民地人民在战争中做出了牺牲，他们不愿用生命换来的和平降临以后，重新回到英国人的殖民统治中去，战后殖民地爆发了轰轰烈烈的去殖民化运动。在战后初期，印度走向了独立。印度被英国统治了300多年，被认为是英帝国皇冠上最璀璨的一颗明珠，而恰恰是这颗明珠第一个宣告脱离英帝国。随后，亚洲一批国家又纷纷独立。这是战后出现的第一次去殖民化浪潮。

20世纪50年代初，保守党政府采取较为强硬的政策，结果卷入三场殖民地战争，其结果表明战争并不能解决问题。后来发生的苏伊士运河事件使英国政府意识到，它无力维持一个帝国了，因此越早撒手，情况就越好。第二次去殖民化浪潮在50年代后半

圣雄甘地

甘地为印度独立做出了杰出贡献，被印度人民尊为"圣雄"和国父。他发动的非暴力不合作运动沉重地打击了英国殖民统治，为印度独立奠定了基础。在运动中，甘地倡导以和平方式抵制政府、机关、法庭、学校，并采取总罢业、抵制英货、抗税等非暴力手段进行斗争。他十多次绝食，三次被捕入狱，最终赢得了英国人的尊敬，将甘地塑像安放在英国议会广场。

期兴起。在"变革之风"的吹拂下,第三次去殖民化高潮席卷而来,在60年代,英属非洲殖民地几乎全部独立。在殖民地独立的浪潮打击之下,大英帝国彻底崩溃了。

人们不禁会问:为什么战争的胜利反而促进了殖民地的离心离德?第一,帝国的凝聚力受到重大打击。战争初期英军在亚洲不断败退,使殖民地意识到英帝国相当脆弱,已不能保护殖民地的安全,他们开始重新思考自己和英国的关系。第二,在战争期间,英国对殖民地做出种种许诺,以激励殖民地人民全力以赴投入战争,战争结束后许诺需要兑现,从而为殖民地的民族独立提供了契机。第三,战争促进了殖民地人民的觉醒,殖民地以民族自决为口号,走上与帝国分离的道路。第四,战争期间,大批殖

英联邦总部

民地人走出国门，走上战场，开拓了眼界，改变了思想，这些人回国后成为民族主义的传播者，为英帝国培养了掘墓人。第五，美苏两国对殖民主义没有好感，它们在战后成为超级大国，形成了瓦解英帝国的国际环境。

英国在构建英联邦的初期，只打算把它建成一个白人自治领的俱乐部，并不想接纳非白人殖民地，更不是用它来取代英帝国。但是，战后大批殖民地纷纷独立，大英帝国的分崩离析已是一种必然趋势。在这样的时候，英国政府开始考虑用英联邦取代英帝国，以此维持英国对原来所辖殖民地的影响力。

但是，英联邦与英帝国是完全不同的概念。英联邦是由独立主权国家组成的，它内部是国与国之间的关系。英国实力大不如前，它在政治、经济和军事上不再具备控制能力。而且，英联邦成员国之间没有共同的利益基础，向心力小。目前的英联邦一共有54个成员国，在世界上是一个很大的国际性组织。英联邦是一个政府之间的联合体，而且是一种松散的联合体，它的最大现实基础是语言、文化、法律和教育所构成的共同传统，促使成员国能够在相互了解的基础之上同舟共济。

在失去帝国以后，英联邦成为英国施展国际影响力的一个重要平台，它借此平台影响世界很多国家，扩展英国的文化、社会和政治的联系。因为英联邦的存在，英国人的帝国情结没有完全泯灭。但是英联邦不是英帝国，历史就好像和英国人开了一个玩笑，他们今天的领土范围又回到了几个世纪之前向海外扩张时

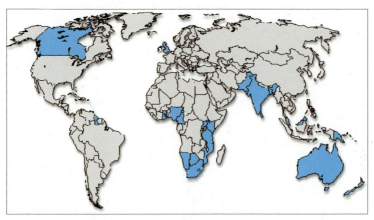

英联邦国家区域地图

的状况,显赫一时的"日不落"帝国对英国来讲,似乎只是南柯一梦。

不过,英国人对此似乎并不耿耿于怀,或者说他们能够面对现实。他们在直面自己衰落的同时,把注意力更多的投入英国本土。工党是 20 世纪崛起的一个新党,在二战以后得到英国人更多支持,为建设新英国付出了巨大的贡献。下一章我们讲述工党与公有制问题,这不仅涉及工党本身的发展,也关系到英国福利国家建设的一系列问题。

新英国的构建

第二十六章
成也"公有制",败也"公有制":
英国工党沉浮

上一章,我们介绍了英帝国的解体问题。英国是在二战以后失去了英帝国,但是英国人又创建了一个新英国,为此英国人把希望寄托在工党身上。英国工党创建英国福利国家的最关键因素就是其1918年党章规定的公有制条款,它是工党的国内奋斗目标,即在实现"公有制"基础上,实现劳动成果的公平分配。工党的公有制思想的变化是工党战后演变的一条主线,也给英国战后的社会发展带来很大的影响。这一章我们就来讲解英国工党1918年党章的公有制条款。

公有制对于中国公民来说已经非常熟悉了,公有制是社会主义制度的特征。但如果发现在老牌的资本主义国家英国,一个奉行资本主义议会道路的英国工党,竟然也长期将公有制作为该党的奋斗目标,认为公有制与社会主义不可分割,我们可能会多少感到意外。

在英国近代历史上,英国人长期不接受公有制,最大限度地获取私有财富是英国人的不懈追求和成功的标志。他们认为,个人拥有一定的财产尤其是土地,是独立公民权的必要条件,没有财产就缺乏责任心,就不能很好履行公民权力,国家的首要任务就是捍卫私人财产权。但随着工业革命的扩大并趋于完成,人与人之间的贫富差距拉大,如何通过公有制来消除贫富差距和实现社会公正,成为英国知识分子思考的问题。

工党反对私有制,但工党一开始并没有将公有制写入党章,因为工党党员绝大多数是工人阶级,英国工人更关注的劳工主义,即依靠集体谈判和罢工手段争取自己的利益,对于公有制以及社会主义并不热衷。第一次世界大战时,国家对整个社会的控制给英国人留下了深刻印象,公有制开始被多数工人阶级所接受。正是由于得到工人阶级的赞同,工党将实现生产资料公有制作为"工党的目标"在党章中确定下来。

英国政治的游戏规则决定了一个政党只有通过议会选举,才能掌握治理国家的大权,工党要想成为执政党,其政策主张就必须迎合多数选民的价值趋向,争取最可能多的选票。同英国保守党和自由党相比,工党是一个后起之秀,它必须具有独特的意识形态和治国方略,否则就不可能在政治舞台上脱颖而出,而当公有制被放进党章之后,工党就具有了区别于其他政党的鲜明特征,公有制成为工党的国内政策目标。

> 英国工党的社会主义信仰条款，简称"第四条"："在生产资料公有制和对每一工业或行业所能做到的最佳民众管理和监督的基础上，确保体力劳动者或脑力劳动者获得其辛勤劳动的成果和可行的最公平的分配。"1929年的工党年会，将"生产资料公有制"改成"生产、分配和交换资料公有制"。

自从公有制在党章中确定以后，工党提出了一系列实行公有制的主张，其政治地位迅速攀升。1945年大选，工党以突出公有制的大选宣言战胜了保守党，第一次成为议会多数的执政党，工党领袖艾德礼成为首相。工党上台后，开始兑现大选时的诺言，颁布了一系列的国有化法案，几年之内，英国企业的国有化率到达20%。

工党上台后，公有制是目的还是手段的矛盾就凸现出来。一方面，公有制写入党章，是工党的理想目标，公有制要不断扩大，否则就无法向本党交代；另一方面，作为一个执政党，公有制只能成为一种应对经济现实的手段。为了理想，它可以不顾其他利益集团的反对，朝着党章规定的目标走下去；面对现实，它又不可能不顾及各个阶层选民的意愿。

随着国有化企业的弊端不断出现，英国多数人对公有制的热情消退了，认为20%的公有制比例已经足够克服私有制经济的弊病。在议会政党制度下，选民的支持是第一位的，所以，工党在后来的两次大选中就降低了公有制色彩。工党减弱了区别于其他政党的政治理念，又没有其他的来替代，下台也就在情理之中。

艾德礼代表的工党获胜

在理想与现实、目的与手段之间，工党不可能鱼与熊掌兼得，而只能在两者之间寻找某种平衡。

20世纪50年代，英国已经没有工党实现其党章规定的公有制目标的条件，相反，保守党那种以"私有制为主，公有制为辅"的混合经济体制，使英国人的"日子从来没有这么好过"。工党连续三次大选失败，得票率和议席数一次比一次少，工党领袖和右翼修正派认为，工党的失败是公有制条款的问题，平等才是工党的"社会主义"目标，公有制只是实现这一目标的一种手段，而不是目的。于是，工党内部就出现了修改党章公有制条款的激烈争论。

工党内部一些人认为，用40年前写入党章的公有制条款，比对英国发生的社会和经济的变化，前者已显得陈旧了。但问题是，长期以来，公有制条款已经成为工党的特征，是工党区别于其他笔者的博士论文即以英国工党与公有制为题。第一章梳理工党公有制思想的历史渊源，探究工党政府的国有化改造的动因和制约；第二章分析工党修正派试图修改公有制条款的失败尝试；第三章叙述工党如何将科学革命和公有制思想结合；第四章阐述工党左翼扩大公有制"更替性经济战略"给工党带来的巨大损害；第五章论述工党的思想改造和组织改革及最终怎样完成公有制条款修改。

政党的标志，是团结工党各个派别的一面旗帜。工党影子大臣克罗斯曼曾入木三分地写道："保守党必须捍卫自由企业制度，即使在现实政策中引入了国家计划。一个工党政府必须捍卫几乎不执行的社会主义政策。党领袖的任务就是经常劝导他的下属制定传统的政策，即使它们被证明并不正确也依然如此。"克罗斯曼实际上公开了西方政党的某种策略，即指导思想应长期不变，但政策措施却是灵活的。

对于任何政党而言，没有一段较长时间的党内宣传和教育的过程，没有党内大多数人的赞同，就试图从根本上改变党的宗旨，必然是草率的，结果也是危险的。对多数工党党员来说，公有制与党章是密不可分的，如同《创世记》是《圣经》中的一部分，要抛弃作为工党党员信仰的"第四条"，就像告诉一个基督徒没有上帝一样。尤其对老一代工党党员来说，生产资料公有制思想已深入到他们的思想之中，成为他们整个政治生命的全部，他们愿意为这种信念付出自己的一切。公有制又是工会长期斗争的中心问题，许多工会将公有制条款写进了工会章程中，认为修改公有制条款不仅仅是反对工党党章,也是反对工会本身。当时英国运输和普通工会的领袖就说:"我们可以有不要社会主义的国有化,但不能没有不要国有化的社会主义。"

那么究竟要不要修改公有制条款?在50年代末60年代初的英国社会,工人阶级仍然占据着人数上的优势,工人阶级总数的三分之二还是投了工党的票,工党不能不顾及其主要支持者的态度。此时,工党还必须维护其工人阶级政党的形象。

于是,工党在威尔逊担任领袖之后提出了科学革命的口号,即试图将科学革命与公有制思想结合起来,其实质是保持公有制信仰条款不变,试图依托扩大公有制来提高科技水平,达到振兴英国经济的目的。因为其主要目的不是扩大公有制,所以扩大公有制的计划在具体行动中只能根据实际情况能走多远就走多远,执行的是一条现实主义的中间路线。这种政治策略取得了成功。

英国在20世纪70年代开始进入转型时期。失业增多,财政赤字增大,危机四起,罢工如潮。种种迹象表明,英国的政治、社会和经济已经处于一个转型时期,预示着一个经济时代的结束,另一个新时代的开始。为了克服经济困难,工党和保守党运用了在混合经济体制下,所能运用的所有措施和手段。剩下的一个最大目标就是战后基本保持不变的所有制结构了,因此,向混合经济的所有制结构开刀,私有化或扩大公有制就成为两党可能采取的又一剂药方。保守党在领袖撒切尔夫人领导下,开展了私有化改造运动。工党则提出了针锋相对的以扩大公有制为核心的所谓

英国工党徽章

"更替性经济战略",它决定进一步向左走,他们要试一试采取左翼激进政策是否可以使工党再次执政,是否可以振兴英国经济。

然而,工党在1983年大选中的惨败,证明工党扩大公有制的政策并不能得到大多数选民的支持,工党出现了30年代以来最严重的意识形态危机,党员人数下降的危机,选举上的危机。工党扩大公有制政策要获得大众的支持,关键在于其是否代表了大多数选民的价值取向。1979年是一个重要转折点,因为在这次大选中,工人阶级对工党的支持率已不到50%,也就是说,工人阶级的大多数不再支持工党,工党主张公有制的指导思想现在对工人阶级也失去了吸引力。正因如此,工党在1979年后连续四次大选败给保守党。

如何顺应英国社会的变化,制定符合人数占绝大多数的中产阶层利益的政策,是工党应该反思的问题,否则它将失去两大党之一的地位。在这样的背景下,工党下决心进行改革,通过三届领袖十多年的努力,最后在年轻的工党领袖布莱尔任期内,废除了党章中的公有制条款,公有制不再是目的,只是一种手段。西方普遍认为,英国工党对党章"第四条"的修改是工党历史上的

布莱尔首相接受女王召见

英国大选实行简单多数选举制,如果一党拥有绝对多数的议员,此党将组成下届政府,该党党魁成为首相。如果没有任何党派拥有绝对多数席位,则合计拥有绝对多数席位的两个或多个政党将组成联合政府,其中最大党党魁将成为首相,也可能是单独一党成立政府,并与其他党派结成非正式联盟。议会大选后,即由英王召见多数党领袖,任命其为首相并授权组阁。

一个分水岭，之前的工党是老工党，此后的工党是现代化的新工党。

公有制作为工党的国内奋斗目标，在其党章中存在了70多年，工党和公有制问题耐人寻味。下一章我们再谈保守党的私有化改革问题。

第二十七章
私有化：铁娘子撒切尔的"英国病"药方

上一章，我们介绍了英国工党的公有制问题，这一章我们谈保守党的私有化改革。

公有制和私有制是两个对立概念，但这并不意味着两党在治理国家的理念上是根本对立的。从二战后到70年代，英国出现了共识政治时期。在这个时期，英国的工党和保守党的分歧不是绝对的。在更多的问题上，无论是国内还是国外，两大政党都保持了更加广泛的一致性。比方说，两党都支持福利国家制度，都赞成稳定就业率，都支持保持混合经济，都承诺西方集体防卫义务，都主张与美国的伙伴关系，并保持英国世界大国的独立地位。在这些内外政策上面，工党和保守党基本一致。如果说有分歧，只是程度上和方法上的争论，而不是原则上的对立。

共识政治有两个共同的思想根源。一是凯恩斯的国家干预的理论，二是《贝弗里奇报告》，两党都接受了凯恩斯理论和《贝弗里奇报告》。不过，共识政治时期主要是保守党向工党靠拢。

保守主义体现了英国传统与变革之间的平衡关系，这种保守主义的不保守性，在英国历史上反复出现。比如，光荣革命之前，托利党（保守党）支持信仰天主教的詹姆士二世成为英国国王，可是光荣革命之后，托利党又赞成取消詹姆士二世的国王地位。再比如，第一次议会改革是辉格党完成的，托利党反对，可是第二次议会改革是由托利党完成的。在取消谷物法问题上也是这样，托利党一直支持保留谷物法，但最后却赞成废除谷物法。

这就部分解释了为什么在英国保守党比其他政党执政时间更长。保守党是以保守为标榜的一个政党，它保守的是英国优秀成果，而在新成果被其他政治力量争取成功后，保守党又成为这个新成果的守成者，因为新成果又成了要捍卫的传统。所以，当工党实施福利国家、国有化等治理国家的新举措后，保守党吸取了工党很多好的治国理念，两党在战后进入一个共识政治的时期。

在20世纪60年代中期，两党共识政治进入了一个新阶段。因为福利国家需要大量财政资金支撑，随着福利范围的扩大，政府开支压力越来越沉重。到60年代，英国公共福利的开支占到

英国保守主义的特点：说它保守，其实它从来不落伍于时代，当然也从来不走在时代最前头。保守党与新时代往往保持一步的距离，一旦新进程完成，它就迅速地跟进，而且以新成果守成者的面目出现，也就是说它要维护新成果，把过去的立场抛到了脑后。这个时候，它不许开倒车回到过去，必须保持跟现在一样。

英国保守党标识

了整个国内生产总值的 1/3。1964 年英国有 3.5 亿英镑的赤字，1974 年财政赤字达到 35 亿，10 年增长了 9 倍。英国政府依靠国际货币经济组织的贷款才能够渡过难关，沉重的财政赤字压得英国喘不过气来。与此同时，国有化出现了问题，企业国有化后几乎都成了亏损企业，生产效率降低了，导致英国经济的增长出现下滑。经济情况不断恶化，进入 70 年代以后，"英国病"就出现了，即英国经济出现滞胀现象，生产停滞与通货膨胀同时出现：一方面生产停滞，失业率高居不下，另一方面，物价在飞涨，通货在膨胀。

历届政府，无论是工党政府还是保守党政府，用尽了浑身的解数，试图解决"英国病"问题。但是，它们试图解决通货膨胀问题，经济发展就受到了阻碍；试图刺激经济解决停滞问题，通货膨胀又抬头了。最后往往只能头痛医头，脚痛医脚，滞胀现象愈演愈烈。"英国病"病入膏肓，英国陷入了非常深刻的社会经济危机当中。

在这种情况下，撒切尔夫人上台，她下决心治理"英国病"。

1979年玛格丽特·撒切尔上台标志着"共识政治"的结束。撒切尔夫人性格强势，办事雷厉风行，人送外号"铁娘子"。她抛弃了国家干预经济的凯恩斯理论，转向奉行货币主义理论。货币主义经济政策主张削减高收入阶层的所得税，提高他们投资的积极性，通过收缩银根控制货币总量，同时减少公共部门的支出，变卖国家财产。在撒切尔政府的组合拳后，英国国民生产总值下降了3%，失业人数达到了300万——13%的失业率；工资上涨被抑制了，通货膨胀也降下来，但是付出的代价是极大的。当时很多中小企业倒闭了，社会冲突进一步加剧。

英国人开始担心，撒切尔政府的这副猛药对英国的伤害比"英国病"还要大，有300多位经济学家联名在《泰晤士报》上发表文章，反对撒切尔政府的货币主义经济政策。但是，撒切尔夫人坚决不退让，坚决不动摇，坚信沉疴必须用猛药，新政策将会带来经济好转的效果。因此，撒切尔夫人对飙升的失业率无动于衷，甚至铁石心肠般地宣称："经济学是一种方法，其目的是改变灵魂。"

撒切尔政府的改革是多方面的。一是执行严厉的货币政策。通货膨胀率从1980年的20%，下降到1988年的不到5%，价格波动趋于平缓。与此同时，削减社会福利。撒切尔政府对养老金、家庭补贴、厂家补贴还有失业补贴进行严控，并且对医疗保险制度进行改革。可是，社会福利已经深入人心，在这方面的改革不能轻举妄动，任何重大改革都可能引起民众的不满和反对。所以，撒切尔政府在这个方面喊得响,但实际付诸实践的并不多。

二是私有化。国有企业的40%实行了私有化,涉及60万职工,包括电讯公司、航空公司、钢铁公司等巨头企业。撒切尔政府把国有企业股票上市卖给私人,由此企业生产率提高了50%左右。她的两位顾问出版了《将世界私有化》一书,书名洋溢着欣喜之情。撒切尔本人也欢欣鼓舞,她预言人们将"排队来领取新的英国药方"。

三是打击工会。撒切尔政府认为"英国病"就是因为工会的力量太大,工会垄断了劳动力市场,使其不能按市场规律运作;工会以罢工为武器,人为抬高工资,引发了物价的全面上涨,要治理通货膨胀就必须削弱工会的力量。所以,撒切尔政府颁布了一系列有关工会的法律条款,限制工会的罢工。工会罢工需要经

英国煤矿工人大罢工

过工会会员的投票以及一系列法律程序,得到批准后才可以进行。特别是1984年,撒切尔政府通过长期准备,与煤矿工会大罢工进行了决斗,最终政府获得了胜利。在这场工会和政府的决斗以后,整个英国工会的力量受到了极大的削弱。

在撒切尔政府的猛药治理之下,英国经济出现好转。1988年,在她上台10年的时候,英国开始走出危机。英国经济的增长率超过了欧美国家的同期平均水平,英镑开始稳定,失业率达到了正常水平,"英国病"似乎被撒切尔夫人医治好了。正是凭借成功的改革,撒切尔夫人连续三次在大选当中获得胜利,成为20世纪在职时间最长的英国首相。

撒切尔夫人的改革成效斐然,但她这种政策使得英国的富人更富了,贫困阶层受到更大的损失,英国的贫富差距再次拉大,

1989年,撒切尔夫人出席保守党大会的资料照片

邓小平和撒切尔夫人在北京会谈

社会公平严重倒退。而且,撒切尔夫人的个人作风强硬,在党内也引起了很大的不满。谈到撒切尔夫人的铁娘子作风,我们补充一个小插曲。在处理香港回归问题时,首相撒切尔夫人到北京和邓小平谈判。撒切尔夫人做好了一切准备,她觉得可以说服邓小平,让香港继续保留在英国统治之下。可是,邓小平一句话就把她顶回去了。邓小平说,在主权问题上没有讨价还价的余地。邓小平创造性地提出了"一国两制"的构想,英国最后也现实地接受了中国方案,香港1997年成功回归了祖国怀抱。

英国经济在撒切尔政府时期确实出现了某种奇迹。这种奇迹到1988年达到了顶峰,在这之后又开始回落,甚至"英国病"又有发作的迹象。政府对福利开支的缩减,引起了很多人不满,1990年开征的"人头税"更是火上浇油。撒切尔夫人的下台标志

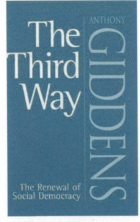

布莱尔受到英国社会学家安东尼·吉登斯影响,他在竞选期间以"第三条道路"作出竞选口号,结果使工党在野18年后,终于在1997年再次赢得了大选,重新上台执政。"第三条道路"的主要内容为:在社会民主主义基础上,肯定自由市场的价值,强调解除管制、地方分权和低税赋等政策。

吉登斯著《第三条道路》

着"撒切尔时代"的结束,撒切尔主义不是万能的膏药。撒切尔夫人曾说:"我已经改变了一切。"但有一点她是不能撼动的,就是福利国家的框架。无论撒切尔夫人如何强调个人的主动性,如何强调国家不能包办一切,但是福利国家的原则已然根深蒂固。于是,托尼·布莱尔工党政府上台后,提出了介于工党理念和保守党理念之间的第三条道路,对提升英国经济起到了一定效果。

回想20世纪,英国人遭遇了太多的危机,比如第一次世界大战、第二次世界大战、英帝国的解体,还有"英国病"。英国进入21世纪以后,内部的和外部的危机依然不断。下一章我们讲述苏格兰公投问题,这次公投又给英国带来了一次深刻的危机,差一点将英国分裂掉。

第二十八章
现实利益之争:苏格兰公投的历史暗线

上一章我们讲了英国撒切尔政府时期的私有化改革。经过改革,英国的世界影响力又开始增强起来,苏格兰问题还没有成气候。可是进入21世纪以后,苏格兰公投事件在2015年发生了。这是个非常重大的事件,决定着英格兰和苏格兰300年来的合并是否会终结,也决定着英国历史的命运,当时外部世界也感到非常震惊。

英格兰和苏格兰的联合一直被外界认为是一个成功的范例,苏格兰似乎早就成为英国领土不可分割的一部分。双方在互利共赢的基础之上,共同走过三个多世纪,相处不错,没有发生大纠纷。在经过307年的合并以后,苏格兰为什么要恢复过去的独立地位?而且,英国在涉及国家核心利益的问题上,为什么会同意苏格兰进行公投?

这要回到苏格兰和英格兰的纠缠历史当中去理解。苏格兰位于英格兰的北部,实力远弱于英格兰,在合并之前,苏格兰的独立地位经常遭到英格兰的威胁。为了抗拒英格兰的威胁,苏格兰采取与法国结盟的举措,这就惹怒了当时的英王爱德华一世。爱德华一世举兵北上,逼迫苏格兰国王退位,还把苏格兰国王加冕时使用的命运之石运到英格兰的威斯敏斯特,作为征服苏格兰的一种象征。

亚瑟王座

爱丁堡有着悠久的历史,许多历史建筑亦完好保存下来。爱丁堡城堡、荷里路德宫、圣吉尔斯大教堂等名胜都位于此地。爱丁堡的旧城和新城一起被联合国教科文组织列为世界遗产。登上亚瑟王宝座可以一览爱丁堡整个城市的景色。

在此之后，苏格兰人民没有屈服，一直顽强地反抗英格兰统治。1328 年，英格兰被迫承认苏格兰的独立国家地位。在女王伊丽莎白一世去世以后，苏格兰的独立国家地位发生了动摇。伊丽莎白一世没有直系后代，在她去世后，苏格兰国王成了英格兰的国王——詹姆士一世。詹姆士是英王亨利七世的女儿玛格丽特的后代，在辈分上，詹姆士一世是伊丽莎白一世的表侄孙，有英王的继承权。在这以后，由于苏格兰国王成为了英格兰国王，两个国家共有一个国王，苏格兰和英格兰形成了一种共主联盟。

但在这个时候，英格兰和苏格兰并没有合并，主要有两个原因：一是英格兰不愿意。苏格兰的经济实力远不及英格兰，英格兰担心合并以后会拖自己后腿。二是苏格兰也不愿意。苏格兰非常珍惜自己独立国家的地位，如果跟英格兰合并，就意味着苏格兰独立国家地位的丧失。这样，两个国家保持共同君主但并不合并，维持了约 100 年时间。

18 世纪初，即光荣革命以后，英国议会通过了一个王权继承法，该法案取消了詹姆士二世及其后代的英格兰国王继承权，而把英格兰王位继承权给了詹姆士一世的外孙女索菲亚以及她的新教徒后裔，索菲亚是德意志汉诺威的女选帝侯。经过宗教改革以后，英国选择新教徒作为君主，不允许天主教徒成为英国君主候选人。

英格兰的王权继承法自然伤害了苏格兰的核心利益，苏格兰人非常愤怒，他们决定接受斯图亚特王朝的统治，而不接受后来

苏格兰风笛

的汉诺威王朝。所以,苏格兰准备自行任命新国王,声称在英格兰安妮女王去世以后,苏格兰有权实行自己的独立外交政策。如果真这样做,苏格兰选择的国王很可能就是斯图亚特王朝家族的天主教后裔,天主教的法国和苏格兰就可能再次结成盟友,这是英格兰不可容忍的。

为了保证政治和外交的稳定性,英格兰决定与苏格兰联合,而苏格兰受到英法战争的影响,出口贸易下滑,粮食产量锐减,联合不失为摆脱困境的一种选择。于是在1707年，英格兰和苏格兰签订了联合条约，两国合并，新国家的名称改为"大不列颠联合王国"。新王国拥有同一个君主、同一套立法机构和行政机构、同一套货币体系。在这以后，英格兰的圣乔治旗与苏格兰的圣安德鲁旗合为一体，形成了新的英国国旗，就是联合杰克旗，我们称之为米字旗。

联合之后，苏格兰的司法和宗教体系被保留下来。苏格兰奉行长老教，而不是英格兰的主教制，在社会文化方面也保持了自己一定的独立性。因为总体情况不如英格兰，苏格兰一直处于从属地位，但分享了联合以后的经济成果，并与英格兰同步进入工业化时代。苏格兰人尤其是高地人在英国军队中发挥了很大作用。国防大臣巴灵顿勋爵曾说："我希望我们的军队中有尽可能多的苏格兰士兵，而在这些苏格兰人中，我希望高地人尽可能多。"苏格兰军团无处不在，苏格兰人被视为天生的武士，出现在几乎所有的殖民征战中。在英帝国的扩张狂潮当中，苏格兰人积累了财富，他们逐渐以自己是英国人而感到骄傲。

在联合之后，苏格兰议会被取消了，从整个英国来讲，有关苏格兰的事务只占据很小一部分，再加上英国和苏格兰法律体系也不一样，英国议会没有足够多的时间专门讨论苏格兰的法案问题，因此导致一个结果，英格兰法令被强加到苏格兰身上。

为了改变这个状况，苏格兰人民开始采取各种方式表达自己的政治诉求。比如，他们要增加下议院议员，设立苏格兰事务大

爱丁堡皇家学会

臣等等。尽管如此，总体而言，在英帝国的扩张过程当中，英格兰和苏格兰已经紧紧地绑在一起了，形成了价值观的融合。虽然苏格兰人因为不受重视而感到愤怒，并且不断地为自己争取更多权益，但是苏格兰对英格兰的抗议，是在联合王国的框架之下的，是一种修修补补，而不是要推翻"联合"的原则。在1707年合并以后，苏格兰也一直享受比较高的自治权，英国政府很少干涉苏格兰的内部事务。

二战以后，随着工党政府对国家控制力的加强，苏格兰的保留领域，比如法律、教育和宗教的自由遭到了侵犯。例如在1971年，英国政府取消了苏格兰的学生联合会，规定苏格兰的学生只能加入中央管辖的全国学生联合会。而且，英帝国解体了，英国的整体实力在不断下降。苏格兰以前从英格兰经济发展中得到了很多好处，也有作为英国人的自豪感。但是现在，苏格兰认为不能再从英格兰获得经济支持。可以说，苏格兰和英格兰的联姻已经过了蜜月期，幸福感越来越少，越来越多的苏格兰人开始想走自己的路。在70年代英国发现了北海油田，北海油田大部分是在苏格兰地区，因而引发了"这是苏格兰的石油"的群众运动，促进了苏格兰人民的独立热情。

苏格兰民族党是领导苏格兰独立的政治力量，它由苏格兰党

苏格兰议会

有一次在意大利的旅游大巴上，一对老年夫妇说他们是苏格兰人。我听后脱口而出，"噢，你们来自英国"。这对夫妇马上纠正我说，"不，我们是苏格兰人"。

和苏格兰国大党合并而来。这个新兴政党在英国政治中的表现并不起眼，直到70年代才在议会中获得一个席位。20世纪末以后，苏格兰加快了独立的步伐，成立了苏格兰议会，苏格兰民族党成为苏格兰议会第一大党。在2011年苏格兰议会选举中，苏格兰民族党获得压倒性胜利，组成了多数派苏格兰政府，苏格兰独立议程进一步加快。首相卡梅伦与苏格兰首席大臣进行了数月谈判，最后确定苏格兰公投，让苏格兰人民自己表决苏格兰是否成为一个独立国家。

苏格兰公投问题是个大问题，无论在英格兰还是苏格兰，都引发了激烈的争论。联合派和独立派就苏格兰的经济外交问题展开了多次辩论。独立派认为，像挪威、冰岛、爱尔兰等国家在独立以后，都过上了富足的生活，苏格兰在独立以后也不会差到哪里去。而且，苏格兰境内有北海石油和天然气，在独立以后，苏格兰有更多的经济自主权，也不用向英国政府交税。联合派认为，经过多年开采，北海油田的储量接近枯竭。在独立以后，苏格兰不再使用英国官方货币英镑，英国也将不与苏格兰结成货币联盟。苏格兰独立后的未来不确定因素非常多。

在这场辩论当中，当时的英国首相卡梅伦还打起了感情牌。他发表多次演讲，请求苏格兰人民不要分裂英国民族大家庭。他说："如果你们不喜欢我，我不会永远在这里。如果你们不喜欢这一届政府，本届政府也不会永远在这里。但是你们如果选择独立，那就是永远了。"最终，苏格兰的联合派获得了胜利。

无论是过去苏格兰和英格兰的联合,还是现在的要求独立,利益都是苏格兰的终极考虑。不同的是,过去是由贵族团体决定国家政策,而现在是苏格兰人民掌握决定自己归属的权力。英国同意苏格兰公投开了一个先例,我们前面讲过,这个先例会成为英国宪法的一部分。这意味着苏格兰以后可以再次举行公投,一直到苏格兰退出英国为止。

领土主权是一个民族国家的核心问题,寸土必争,寸土不让,

英国国徽即英王徽

国徽中心为盾徽,左上和右下各有三只金狮,象征英格兰;右上方半站立的红狮象征苏格兰;左下方的金黄色竖琴象征北爱尔兰。盾徽两侧分别是一只头戴王冠、代表英格兰的狮子和一只代表苏格兰的独角兽。盾徽周围是嘉德勋章,上面用法文写着一句格言:"心怀邪念者可耻";下端悬挂的饰带上写着:"天有上帝,我有权利"。盾徽上端为帝国王冠。

这是民族国家的根本原则。民族国家是一个国家现代化的支架，没有它，一个国家的现代化就不能起飞。但是，英国已经完成了现代化，开始进入后现代，而后现代社会的一种趋势就是民族国家的式微。

英国在进行现代化的时期，政府无论如何不会同意苏格兰独立，或者同意苏格兰人进行公投。但是，英国人完成了现代化，人们的想法发生了变化，认为苏格兰即使独立了，英国人依然可以很好，就是国家小一点罢了。即便发生连锁反应，威尔士、北爱尔兰也与英国分家，大不列颠联合王国将不复存在，最多就是退回到英格兰。

当然，英国如果解体无论是对英国还是对世界，都会产生巨大的影响。在苏格兰公决的时候，英国和世界尚没有做好充分的准备，苏格兰暂时还保留在英国之内。可不久之后，英国脱离欧盟的公投却通过了，这是英国和欧洲甚至世界的一件大事情。下一章，我们就从历史的角度来讨论英国的脱欧问题。

第二十九章
孤立主义：英国脱欧的历史逻辑

上一章，我们谈到了苏格兰的公投没有通过，苏格兰继续留在了英国。时隔一年以后，另一次公投就通过了，这个公投的结果就是英国决定退出欧盟。

纵观历史，英国与欧洲的关系存在五个重大历史拐点。一是1066年的诺曼征服。法国的诺曼公爵成为英国国王，英国从此走向欧洲大陆，打破了过去自我封闭的状态。二是1337—1453年的英法百年战争。战败的英国几乎失去了在欧洲大陆的所有领地，此后不再谋求欧洲大陆的领土和霸权。三是1485年都铎王朝的建立。在都铎王朝一百多年的时间里，英国确立了对欧政策的基本原则，即实行欧洲均势战略，只要不牵扯自身的核心利益，就尽量脱离于欧洲之外，不轻易卷入欧洲事务。四是1973年英国加入欧盟的前身——欧洲经济共同体（EEC，以下简称"欧共体"）。这一事件标志着英国放弃了几百年来独立于欧洲之外的外交政策

欧洲联盟（简称欧盟）旗帜

"蓝天金星旗"是欧盟的旗帜。旗子的底色为深蓝，中间为一个"十二颗五角金星环成一圆"的图案。"十二"是一个完美的古老象征，与欧盟成员国数量无关，"圆环"象征欧洲各国合作统一。欧盟目前共有27个成员国，24种官方语言，法国、德国、意大利、荷兰、比利时、卢森堡为创始成员国。

传统，开始成为欧洲的一员。五是2016年的英国"脱欧"公投。

英国"脱欧"有诸多缘由：比如英国在希腊危机后不愿承担更多的欧盟经费分摊，不愿意接收欧盟摊派的难民，或是英国领导层政治经验不足并误判了形势，等等。但这些理由并不充分，因为在德国、法国等欧洲大陆国家也能够找到类似理由，并且英国在加入欧共体两年后（1975年）就举行了一次"脱欧"公投，而且一直拒绝使用欧元和加入申根签证等。因此，英国"脱欧"有其历史根源和身份特征。我们认为，很重要的一个原因就是英国外交上根深蒂固的孤立主义，有了它，其他因素才发生作用。英国作为一个岛国，外交上重现实而轻理想，在对欧洲的事务上，孤立主义一直是英国外交的一条主线。

如果欧洲出现了超强国家怎么办？英国采取的战略是团结欧洲其他国家，打击这个第一强。在欧洲历史上，当法国最强的时候，英国团结大多数欧洲国家打击法国，等到德国变成欧洲最强时，英国又团结法国打击德国。

英国孤立主义思想从什么时候开始形成？英法百年战争是英国民族国家形成的驱动器，英国作为战败方，失去了加来港之外的所有法国领地，是一次彻彻底底的失败。然而，英国也由此斩断了在大陆的领土纠纷，摈弃了占有欧洲大陆土地的想法。可以说，从都铎王朝开始，英国就没有争夺欧洲地盘的想法，对欧洲的外交主要是为了保障英国本土不受欧洲大陆强国的侵犯，维护其在欧洲大陆以及全球的经贸利益。因此，保持欧洲均势，独立于欧洲之外，不卷入欧洲战争，就成为英国对欧关系的基本原则。从这样的角度看，英国"孤立主义"外交思想是"与生俱来"的，早在英国民族国家的创建时期就有了。

在都铎王朝祖孙三代君主——亨利七世、亨利八世和伊丽莎白一世统治时期，英国孤立主义外交思想逐步得以发展和成熟起

英国孤立主义：在对待欧洲事务上面，只要不涉及英国本土安全和海外经贸等核心利益，英国就尽量地脱离欧洲之外，不卷入欧洲的战争和纷争，并用和平方式维护欧洲大陆国家间的均势，防止一个超强欧洲国家出现。

来。在亨利七世时期，英国相比法国和西班牙还比较弱，为了不卷入欧洲的纷争，英国采取联姻方式作为沟通强国关系的一种手段。亨利七世有两个儿子、两个女儿，长子亚瑟娶了西班牙公主凯瑟琳，亚瑟病逝后，亨利七世又安排二儿子亨利续娶了嫂子凯瑟琳，这成为亨利八世后来离婚案的理由。亨利七世的长女玛格丽特嫁给了苏格兰国王詹姆士四世，这为后来的英格兰与苏格兰的合并埋下了伏笔。小女儿玛丽先是与神圣罗马帝国皇帝马克西米连一世的长孙查理订婚，后来在已经成为国王的兄长亨利八世的首肯下，嫁给了52岁的有过两次婚姻的法国国王路易十二。

但是，联姻没有真正带来长久的和平。在亨利八世统治的后期，英国卷入了欧洲的军事纷争，或是面对欧洲强国对英国的军事威胁，或是面对威尔士、爱尔兰和苏格兰的征服，也就是说，

英伦三岛海边的英国一家人

亨利八世的对外战争主要限于巩固英国本土的需要，而不是谋求对欧洲大陆的扩张。由于亨利八世的大女儿玛丽一世（血腥玛丽）与西班牙国王菲利普二世的联姻关系，英国卷入了西法战争。为此，伊丽莎白一世牢牢记住了这一历史教训，只利用联姻作为沟通各大国关系的手段，但不接受欧洲王室对自己的求婚请求，以保证英国的外交独立，以免在欧洲战争爆发时，再次因为联姻关系而卷入欧洲纷争。后来，西班牙国王菲利普二世支持苏格兰的玛丽取代伊丽莎白一世，在玛丽被杀掉之后，菲利普二世又直接提出对英国王位的要求，在这样的背景下，英国才决定向西班牙开战，最后击败了所谓的"无敌舰队"。

都铎王朝的祖孙三代君主完成的最重要任务就是创建民族国家。在民族国家的框架下，英国的外交思路越来越明晰，孤立主义外交思想不断发展，成为英国外交的传统思想。

英国爆发工业革命后，凭借着工业革命的力量，完全获得了对世界海洋和贸易的控制权。昔日的海洋大国，西班牙、葡萄牙、荷兰，一个个被英国超过，英国世界海洋大国的地位确定了，英国愈发关注海外贸易和殖民地的利益，更不会轻易卷入欧洲的纷争。一直到20世纪，欧洲国家都把战争看作追求自身利益的手段，为争夺领土、资源、财富等不惜发动战争。但英国介入其中与其他参战国有根本不同，英国不是为了谋求在欧洲大陆的领土利益，目的还是捍卫本土安全，通过欧洲均势遏制欧洲霸权，促进自己的商业利益。拿破仑战争结束，路易十四以来法国对英国造成的巨大压力消除了。这以后，英国就稳操世界霸权，步入19世纪的光辉岁月。

英国已是世界第一，它对欧洲还实行孤立主义吗？答案是确定的，英国没有因为变成了世界第一，就改变自己对待欧洲的传统战略。一个很重要的原因就是，英国的强大具有一种与生俱来的脆弱性。英国不像美国，也不像中国，它的军队就那么多，面积就那么大，跟欧洲一些大国比，如果发生战争的话，它也很难取胜。而且，一旦和欧洲列强发生战争，英国的海外贸易就要因为战争遭到破坏。所以，英国必须依然和欧洲强国保持友好关系。在这种脆弱的单独强大的时期，英国通过孤立主义达到控制欧洲局势乃至世界局势的目的。英帝国不断扩张，英国与欧洲列强的矛盾围绕帝国扩张和帝国安全展开，但是，不干涉欧洲事务，保

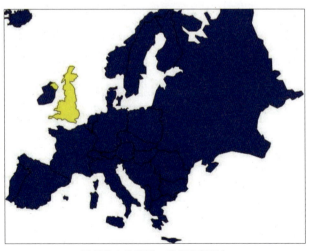

欧洲边上的英国，块头确实不大

持欧洲均势,依然是 19 世纪英国外交原则中的基调。

在整个 19 世纪,英国的首相和外交大臣的头等大事,就是维护欧洲的和平和世界的和平。然而,在英国登上世界最顶点的时候,其他的欧洲国家都在追随英国,纷纷通过工业化道路发展壮大起来。于是,欧洲强国纷纷争夺殖民地,它们开始彼此结盟,保证在殖民地争夺方面对自己更有利。在这种情况下,英国跟其他国家的差距开始缩小,如果它继续保持孤立主义思想的话,就可能被其他结盟国家孤立,就可能失去它在全球殖民地的利益。在这种情况下,英国只能转而选择结盟政策。

那么英国首先和谁来结盟?它首先想到的是德国。在一战和二战中,英国都是和德国对阵的,英国为什么首先想到德国呢?其实,德国和英国之间是法国,法国是英国的世仇,法国和德国也是世仇,所以英国和德国在历史上具有外交好感,而且,从汉诺威王朝开始,英国王室身上就一直延续着德国的血缘。德国也愿意跟英国结交,但有一个条件,即在德国和其他欧洲强国发生战争时,英国要站在德国一边。英国不能接受这一点。

在德国以后,英国把视线投向了亚洲地区。第二个考虑的国家是日本,它已发展为亚洲的最强国,而英国在亚洲有其核心利益。英国跟日本签订了一个盟约,但在盟约当中,英国人特别写上一条:如果日本和俄罗斯发生战争,英国没有义务支持日本和俄罗斯作战。我们从这两个例子中可以感觉到,英国即便结盟,有一点是很明确的,就是保证英国不因为结盟关系而卷入欧洲战争。在结盟问题上，英国从来都是想得到结盟的好处，而又不愿意承担结盟可能带来的卷入欧洲纷争的危险。在英国脱欧问题上，我们也可以看出类似的情况。

然而，结盟战略并没有给欧洲和世界带来和平。相反，因为结盟国家之间的竞争，最终导致了第一次世界大战的爆发。英国被称为"日不落"帝国，它在全球获得利益的同时，也要在全球承担责任。英国在战争中的损失很大，英国的衰落是从一战后开始的。二战结束以后，英国真正衰落为"二流国家"。二战后，英国提出三环外交。第一环是英联邦和英帝国，这是英国外交的立足点。第二环是英美特殊关系，这是英国战后外交的重中之重。第三环才是一个统一的欧洲，一个统一的欧洲是最不重要的。工党领袖盖茨克尔曾说："英国进入欧洲意味着一个独立国家的结束，意味着英国一千年历史的结束。"

在二战以后，欧洲国家组建了欧共体，然后发展到今天的欧盟。对于欧洲共同体，英国最初的态度是不加入，而且还抵制。那么后来，又为什么要加入呢？因为德国和法国借助共同体力量，迅速地超过了英国。英国在60年代末和70年代初，经济持续低迷，如果加入欧洲经贸关系，可以很快改善英国的经济。在这种情况下，英国三次提出申请加入欧洲共同体，并终于在1973年成功加入。但是，加入才两年，英国就举行公决，议题是英国人要不要退出欧共体。所以你看，英国在结盟问题上面，始终在徘徊，它想获得结盟利益，可是又不愿意付出，有一点点感觉到对自己

2020年1月31日，英国正式脱离欧盟，历时3年多的脱欧历程划上句号

不利，就想着要不要退出。

在进入21世纪的时候，越来越多的压力让英国人思考，加入欧盟究竟对英国是好处更多还是弊端更多？我们说，在英国脱离欧盟问题上，经济问题、难民问题等等只是表面现象，深层原因隐藏在英国漫长历史当中，这就是英国对待欧洲关系上的孤立主义思想。我们认为，英国脱欧正是这种传统的孤立主义思想的再一次萌动。孤立主义是英国脱离欧盟的根本逻辑，它在英国创建民族国家时期就出现了，在随后的英国历史进程中，这种孤立主义的倾向不断加强，影响了一代又一代英国人，最终导致英国脱

离欧盟,并震惊了整个世界。

英国脱欧是最近发生的事情,下一章是最后一章,我们将对英国史做一个总结,从英国的制度性创新来谈它所做出的世界性贡献。

第三十章
称霸世界的独家秘密：英国的制度创新

最后一章内容分为两个部分，先对英国脱欧后的未来做个预测，再对英国历史进行总结。

英国不论以何种方式离开欧盟，都不意味着其与欧洲的关系将走向终结。英国"脱欧"公投表明，管理国家不只是威斯敏斯特的特权，个人和社区对影响他们的决定也拥有发言权。"脱欧"后的英国未来道路将坚持回归历史与传统的基本走向，即回归传统、回归历史，脱离统一的欧洲联盟。

"脱欧"是英国与40多年的欧盟成员国身份的脱离，英国需要考虑"脱欧"后在援助、贸易、气候变化和税收等方面的政策，也涉及移民和贸易政策、环境和性别政策等方面的调整。就国外而言，"脱欧"后的英国仍将是全球发展议程的制定者以及各类发展论坛的重要成员，英国可以在经济合作与发展组织（OECD）内继续发挥自己的影响力。

"脱欧"并不意味着英国放弃就发展政策问题与欧盟进行建设性对话，尽管非欧盟成员国与欧盟进行这种对话的先例很少。英国仍有机会参加欧盟在高加索、中亚部分地区、欧盟周边地区和非洲等很多国家和地区的项目，谋求本国利益。在欧洲之外，英国与发展中国家仍会有许多合作关系，这些内容也会体现在"脱欧"谈判中。此外，英国"脱欧"后，欧盟将失去英国对欧盟全球影响力的贡献，尤其是英国对欧盟的经济援助；英国也将无法继续在北约（尤其是美国）与欧盟之间扮演"桥梁"角色，相反北约可能成为欧盟和英国之间的桥梁。

英国"脱欧"后，其外交政策与国际发展之间的联系将变得越来越紧密，尤其是软实力的塑造。英国对欧洲共同外交政策的影响将显著下降，同时英国很可能会加强对符合其国家利益的安全政策的关注。在1997年后的10年间，即布莱尔/布朗工党政府时期，英国奉行的国际主义安全政策曾达到鼎盛，"脱欧"后这一政策的重点也将发生根本变化。在"美国优先"的现实压力下，英国和欧盟在防务政策上的合作可能更为紧密。俄罗斯对欧盟的反应也是一个影响因素，如果欧盟想要进一步拓展其势力范围，就需要与美国和北约盟国达成更广泛协议，这将会促进欧盟和英国深化防务合作，甚至可能会减轻欧盟对英国"脱欧"采取的经济"惩罚"。与此同时，欧盟27国的外交、安全和防务政策也应重新调整。英国更可能实现的目标是将安全、外交和防务政策的各个部分分开签订协议，但这将更多取决于欧盟的意愿。

英国"脱欧"对其在欧洲和全球有关医疗健康的领导和管理地位有负面影响。英国"脱欧"后,其国民健康服务体系(NHS)唯一可能不会出现变化的是融资,现有的社会保障互惠协调机制将继续存在。这些机制包括欧洲医疗保险卡、跨境医疗的转介、居住在欧盟国家的英国国民(如西班牙的英国退休人员)的医疗保健。然而,这些权利还取决于患者是否正确登记,以及比如居住在西班牙的英国人与正确登记的英国本国居民医疗标准的差异,这可能会在实践中引发新的问题。

"坎祖克"(CANZUK)联盟被视为"脱欧"后一种可能的发展模式。2016年3月,英国"脱欧"公投前,"坎祖克"模式就已被提出,其倡议者是总部位于加拿大的国际非政府组织"坎祖克国际"(CANZUK International),该组织以"在英国、加拿大、澳大利亚、新西兰四国间达成协议,实现国民自由迁徙、自由贸易和外交协作"为目标。"坎祖克"模式强调各国议会作为最高决

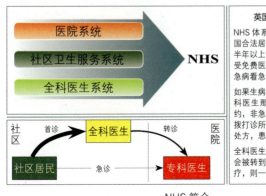

NHS 简介

英国人如何接受免费医疗

NHS 体系的英国公民,还包括在英国合法居住,即拥有永久居留权或持半年以上签证的外国人,他们均可享受免费医疗服务,其他外国人如果患急病看急诊同样免费。

如果生病,居民首先到自己注册的全科医生那里就诊。就诊前须通过预约,非急诊患者每天早上8时开始可拨打诊所电话。全科医生诊断后开出处方,患者可到任何一家药店取药。

全科医生无法确诊或诊断不了的患者会被转到医院就诊。如果需要住院治疗,则一切费用免费,包括饮食。

策机构，而不是像欧盟那样将布鲁塞尔的行政指令凌驾于各国民意代表之上。所以，英国"脱欧"派将"坎祖克"视为英国"脱欧"后的一个想象的共同体，但该模式的可行性有待现实印证。

接下来，我们对英国史做一个总结。

英国真正开始融入欧洲并走向世界，是从1066年开始的，也就是诺曼王朝建立以后。从这个时间节点开始，英国封建化迅速完成。在都铎王朝时期，一个长期不被重视的欧洲西北角的岛国，很快变成了欧洲的强国之一。接着，它从欧洲众多强国之中脱颖而出，成为世界的霸主，并且称霸世界100年，世界工厂、世界金融中心、世界海上霸主、"日不落"帝国，都曾经是英国的代名词。但是，接下来，英国开始衰落了。20世纪中叶之后，英国沦为"二流国家"，开始回到原点，回到和它的体积、人口相对应的位置上去，为英国千年历史的兴衰发展画了一个句号。

本书最后，我们必须追问一个问题：为什么英国能够率先发动工业化，成为世界一号强国呢？原因是多种多样的，但是，我们认为制度性的创新是根本原因。英国至少有以下几个方面的制度性创新。

第一，政治制度的创新。国王专制形成了英国的民族国家，但是之后它约束了英国的进一步发展。英国完成民族国家构建的时间跟欧洲国家差不多，但是英国率先克服了王权专制，让英国这架现代化飞机率先飞向了蓝天。英国通过1688年的光荣革命，创建了世界上第一个君主立宪制国家，也是当时世界上最自由、

黄昏下的伦敦

最民主的国家,从而在政治上为国家的经济发展、社会发展创造了一个最优环境。英国凭借这一点,超越了欧洲,引领了世界。

英国政治制度包括英国国王、上议会和下议会三大部分。在近代早期之前,国王高高在上。光荣革命后是上议院,即贵族院掌权。议会改革后,英国下院占据了主导权,上院失去领导力量,国王退为虚君。任何一届政府产生的时候,英国国王都要到下院宣布,这是陛下的政府。但是,讲稿却是即将上任的内阁政府写的,国王只按稿子念,不去修改一个字。所以,整个英国政治制度中的权力分配在历史进程中完全改变了,可在形式上,国王还在,上院还在,下院还是下院。反观有些国家,可能原来没有上院和下院,现在却有了,可看它的政治体制本质,跟过去依然一样。

第二,经济制度的创新。英国率先爆发了工业革命,率先进入了工业化社会。在英国工业化社会的顶峰时期,全世界一半的工业制成品由英国制造。在近代以后,粮食的供给和人口的压力形成了一个巨大的矛盾，英国通过经济方面的革命，解决了吃饭问题，解决了国家经济的发展问题。后来，每一个国家想走向现代社会，就要成为工业化的国家，就要走英国工业化的道路，这是英国给世界带来的世界性的贡献。

第三，殖民地制度的创新。英国在第二帝国时期，奉行的是自由主义帝国政策，就是无形帝国，零关税，因为大家敞开大门做生意对英国最有利。如果欧洲之外的国家，比方说东方国家，不愿意跟英国开展自由贸易，它就用枪炮来逼迫你就范，打开自己的大门，英国殖民地是为它全球的经济利益服务的。但在经营殖民地的方式上，英国跟其他帝国是不一样的。除了控制一些关键职位，比如，总督和几个高级官员由英国女王任命，其他的允许当地人担任。今天的英国有很多的印巴人，就是原来印度殖民地的人，他们独立了，但是后来又愿意去英国工作和居住。他们对待英帝国带有一种复杂的感情，在被占领的时候，他们讨厌英国，因为他们是二等公民。可是当他们独立之后，他们又想到英国的好处。

历史上的帝国都解体了，可是英帝国解体以后，又出现了一个英联邦，这是英国的发明创造。加拿大、澳大利亚、新西兰、印度等等，这些曾经的英国殖民地又都成了英联邦的成员。在形式上，英国女王还是这些国家的最高元首。英国面积很小，但它凭借英联邦这个共同体，依然在世界上具有很大的影响力。通过英帝国的影响，英国把自己的文化和价值观等等输送到殖民地，把自己的语言带向了全球,对世界具有非常大的影响力。

第四,思想文化的创新。这就是英国式的保守主义文化。英国是通过一步一步的和平渐进方式发展起来的。英国发展一点都不跳跃,能走半步,绝不走一步。你要往前走,英国人拉住你说,"你怎么可以往前走,现在很好啊"。可是别人向前走了,他发现走得很好,方向是对的,就立马跟进,也往前走。可是,别人走的时候急,走过去后又想往回走的时候,英国人抓住他说,"你怎么可以往后走呢,这儿很好"。这就是英国的保守主义,不轻易动,一定要看准后动,一旦动就要走在正确的方向。

伦敦摄政街

英国历史最大的特点是什么？简单地说，相当于一个人走路，他的眼睛看着历史，倒着往前走。保守主义文化保证了英国的发展不因为过急过快走弯路。在短时间内，英国似乎没有进步，但是从长时段看，英国已经远远地走在前面了。这种保守主义文化，是英国现代化发展模式的硬核。英国人采取渐进的、和平的改革方式，让英国一步一步向前，一点一点变革，逐步将一个农业社会转变为一个现代社会，又将现代社会的各种矛盾通过改革逐步解决，最终完成了现代化的华丽转身，站在了现代社会的最前沿。

英国后来为什么衰落了？也正是因为在制度性创新上面，英国人不再领先了，只是追随世界，特别是追随美国向前行。英国漫长的历史揭示了一个事实，制度性的创新对一个国家的发展最为重要。

英国的历史还在继续……

后　记

　　我学习英国史 20 多年，有一些心得，也参加了导师钱乘旦教授主编的六卷英国通史的写作。但是，我从未想过自己写一本英国通史，学有专攻，本人只对英国工党史和 19 世纪英国政治史、外交史有较深入的研究。然而，喜马拉雅制作的《世界历史大师课》给我完成这本通史类的书稿提供了机缘，他们请我把整部英国史讲给大众听。我在接到录制英国史课程邀请之时，并不知道喜马拉雅音频平台，对是否接受任务也有点犹豫。现在想想能够录制这个课程是多么幸运，不仅让更多人了解英国史，而且带来了这本书的出版。

　　因为课程的要求，讲课内容需要涵盖英国历史全貌，要接地气，删繁就简。为了讲好课程，我准备了讲稿，在录制时即兴发挥，有的章节是完全脱稿讲述。感谢喜马拉雅的课程制作人，在录制中只有她们是听众。感谢我的研究生在准备讲稿初期提供的帮助。课程播出后，反响不错，听课人数是大学课堂内不可想象的。最后特别感谢北京大学出版社将讲课内容出版，让更多的人了解英国史。本书是录音转文字稿的修改稿，加配了图片，多数是本人访问英国的个人记忆。

我的英国史是钱老师教的，书中的很多观点受到了导师的影响。这本书是面向大众的，高校老师要走出象牙塔，将研究心得传递给更多的读者。这是一项使命，也是一种责任。我希望这本书能使更多人喜欢英国史，更全面地认识英国。对本书的不足和错误，欢迎读者批评赐教。

刘 成

2024 年 1 月 16 日于南大和园